Inke Hummel

MIT ALLEN *Sinnen* WACHSEN

Körpergefühl · Motorik · Konzentration · Miteinander

Wie du die Superkraft der Wahrnehmung unterstützt

humboldt

INHALT

So hilfst du deinem Kind im Alltag

SO HILFT DIR DIESES BUCH IM ALLTAG

Dieser Ratgeber befasst sich mit der Wahrnehmung deines Kindes. Ein Thema, das eurer Leben begleitet und mehr beeinflusst, als du wahrscheinlich bisher wusstest. Da es der erste Ratgeber für Eltern ist, der sich diesem Thema widmet, gebe ich dir ein paar Hinweise mit auf dem Weg, damit du von der Lektüre bestmöglich profitierst und dich gut zurechtfindest. So dass euer Alltag Stück für Stück ein bisschen leichter wird.

Dieser Ratgeber richtet sich insbesondere an Eltern mit gesunden, aber manchmal herausfordernden Kindern. Unterschiede in der Wahrnehmung können ein Auslöser für viele eurer stressigen Alltagssituationen sein. Das darin enthaltene Wissen rund um Wahrnehmung kann euer Familienleben leichter machen. Du und dein Kind könnt dadurch außerdem beziehungs- und wahrnehmungsstärker werden.

Die Lektüre kann dir unter Umständen aber auch den entscheidenden Anstoß geben, mit einer Fachperson genauer auf dein Kind zu schauen, wenn das nötig sein sollte.

Die Altersangaben

Das Buch ist für Familien mit Kindern im Alter von 2–6 Jahren gedacht. Manche Ideen und Impulse funktionieren nicht für die komplette Altersgruppe, denn die kindliche Entwicklung macht in dieser Zeit Riesenschritte. Die jeweiligen Passagen sind mit einer genauen Altersangabe versehen. Einige Ideen passen tatsächlich aber schon für Kinder ab einem Jahr, was ebenfalls entsprechend vermerkt ist.

Die beiden Teile des Buches

Dieser Ratgeber besteht aus zwei unterschiedlichen Teilen, die aber aufeinander aufbauen. Zuerst zeige ich dir, inwiefern Wahrnehmung die Ursache für Alltagskonflikte sein kann, und du lernst die Abläufe von Wahrnehmung genauer kennen: Welche Unterschiede gibt es von Mensch zu Mensch? Wie sieht es bei deinem Kind aus? Wo kann es zu Schwierigkeiten kommen? Im ersten Teil gehe ich dabei nicht nur auf euren Alltag und die Entwicklung deines Kindes ein – manchmal gibt es auch eine kurze Stippvisite in die spannende Theorie. Keine Sorge, du wirst davon sehr profitieren: So verstehst du perfekt, welch wichtige Rolle Wahrnehmung im Alltag deines Kindes spielt und wie du sie gezielt fördern kannst. Und: Du kannst dir alle Tipps viel leichter merken.

Mithilfe der Impulse aus der zweiten, sehr praktisch orientierten Hälfte des Buches lernst du dann, gezielt wahrnehmungsstärkend mit deinem Kind umzugehen. Dieser zweite Teil des Ratgebers bietet konkrete, alltagstaugliche und leicht umsetzbare Tipps für euer Familienleben. Er startet mit zwei Fragebögen, die dir dabei helfen, herauszufinden, welche Tipps für dein Kind am wichtigsten sind.

Der Begriff „wahrnehmen"

Dieses Buch thematisiert umfassend, wie dein Kind sich selbst und vor allem die Gegenstände in seiner Umgebung wahrnimmt. Dabei bleiben wir vorwiegend bei körperlichen Erfahrungen und alldem, was dein Kind mit seinen Sinnen wahrnimmt und wie es das wiederum gedanklich verarbeitet. Also: Was hört dein Kind? Was riecht es? Fühlt es sich wackelig, da wo es steht?

Was keine intensive Beachtung finden wird, ist die Wahrnehmung anderer Menschen und sozialer Situationen wie z. B. *„Ich nehme mein Gegenüber als zurückhaltend wahr“* oder *„Hier liegt Streit in der Luft.“* Dazu müssten Gestik, Mimik und weitere Teilaspekte der Kommunikation, alle Emotionen sowie im Grunde auch Bindungstheorie und kulturelle Einflüsse genauer betrachtet werden. Dadurch, dass das hier außen vor bleibt, kannst du wirklich dein Kind und seine sinnliche Wahrnehmung intensiv ins Auge fassen.

Die Begriffe „beeinträchtigt" und „anders"

Ich verwende in diesem Buch die Begriffe *beeinträchtigt* und *anders(artig)*, um Unterschiede in der Wahrnehmung zu verdeutlichen.

- **Beeinträchtigt** ist eine Wahrnehmungsart dann, wenn sie es notwendig macht, dass dein Kind gefördert wird. Es gibt ein Problem, das du zu Hause beachten musst und für das du eventuell auch fachliche Hilfe benötigst.
- **Anders(artig)** hingegen ist eine Wahrnehmungsart dann, wenn sie einfach anders ist als deine oder die vieler anderer Menschen. Dein Kind muss daran nicht unbedingt arbeiten. Stattdessen musst du sie erkennen und akzeptieren.

Vergleichbar ist das mit einer extremen Körpergröße: Leidet dein Kind unter seiner Körperlänge von über zwei Metern, weil es Rückenschmerzen aushalten muss, wäre es durch diese Besonderheit *beeinträchtigt*. Es braucht vermutlich medizinische Unterstützung. Musst du hingegen einfach nur jede Hose in Länge 40 Inch kaufen, während du und viele andere 32 tragen, ist es lediglich *anders(artig)* und hat vielleicht selbst gar kein Problem damit.

SO verstehst DU DEIN KIND besser

Du wünschst dir Entspannung für euren Familienalltag. Wenn du besser verstehst, wie dein Kind die Welt und sich selbst wahrnimmt, ist das schon eine hilfreiche Veränderung. Denn in der Familie seid ihr zwar in Liebe verbunden, aber doch alle verschieden. Das kann die Harmonie im Miteinander stören, weil es vielleicht immer wieder zu Missverständnissen oder überfordernden Situationen kommt. Zum Glück lässt sich daran aber vieles ändern.

EUER SCHLÜSSEL ZUM ENTSPANNTEREN FAMILIENALLTAG

Hibbelig. Empfindlich. Unkonzentriert. Vermeidend. Rüpelhaft. Auffällig. Schwer zu erreichen. Vergesslich. Übertrieben. Zu wenig risikobewusst. Distanzlos. Unangemessen heftig. Dazu vielleicht unsicher mit sich selbst oder anderen. Ängstlich oder aber sehr impulsiv. Anders als andere! Wenn dein Kind mit einer dieser oder ähnlichen Eigenschaften in Verbindung gebracht wird, kann das Stress bedeuten, dich als Elternteil irritieren und einen fröhlichen Familienalltag erschweren. Verschiedene Ursachen können dahinterstecken – eine entscheidende ist die Art, wie dein Kind wahrnimmt. Wenn du sie kennst, kann euer Familienleben schöner werden.

Viele Verhaltensweisen deines Kindes können im heimischen Alltag vielleicht jeden Morgen gleich nach dem Aufstehen aufs Neue zu Stress führen. Und etliche machen tagtäglich nicht nur daheim, sondern auch außerhalb der Familie Ärger. Vielleicht eckt dein Kind an und bekommt oft negatives Feedback. Kommt dir einer der folgenden Sätze bekannt vor?

Sie muss immer noch ständig alles anfassen und in den Mund nehmen.

Er ist anderswo in einer Tour aggressiv und hat seine Kräfte nicht im Griff.

Unser Kind konnte Autofahren schon als Baby nicht ertragen und hasst es immer noch zu schaukeln. Das ist doch alles nicht normal.

Mama, mir ist aber gar nicht kalt!

Im Grunde ist sie trocken, aber bei Aufregung hat sie ständig wieder nasse Hosen.

Wir wissen nicht, welche Kleidung wir ihm noch anbieten können. Alles zwickt.

Ich kann reden wie gegen eine Wand. Er hört mich erst, wenn ich ihn berühre oder laut werde.

Egal, was ich machen möchte: Jeder Bereich der Körperpflege führt bei uns zu Streit. Unser Kind mag sich nicht anfassen lassen.

Unser Kind kennt überhaupt kein Maß beim Essen. Dabei leben wir es so gut vor.

Papa, ich sehe das ganz anders als du! Das ist gar nicht gemütlich.

Ihm fällt es so schwer, Freundschaften aufrechtzuerhalten. Es gibt einfach zu viele Missverständnisse zwischen den Kindern.

Sie macht unser Familienleben so schwierig!

Wir haben die Bedeutung der Verkehrsschilder gemeinsam geübt, aber wenn er unterwegs noch einen Brief einwerfen und eine Baustelle beachten muss, vergisst er alles andere wieder.

Ich weiß nicht, ob sie dann überfordert ist? Oder unsicher? Aber am Ende ist sie immer unangenehm rabiat.

Er ist wie ein Faultier: so langsam und dazu auch irgendwie interessenlos.

In der Vorschule braucht sie so viel länger für die Aufgaben als die anderen. Das macht ihr schwer zu schaffen und nimmt ihr die Lust.

Unser Kind empfindet dauernd alles als zu laut und jedes Licht als zu grell.

Das Gezappel macht mich wahnsinnig. Mit 5 Jahren muss man doch mal ein paar Minuten stillsitzen können, oder nicht?

Das sind typische Themen, die das Familienleben sehr anstrengend machen. Wo steckt hier tatsächlich das Problem? Manchmal liegt es nicht am Kind, sondern der Blick der Erwachsenen ist getrübt und/oder bewertet zu eng. *„Sie muss immer noch ständig alles anfassen und in den Mund nehmen."* – Ja, und? Oft passt die bunte menschliche Vielfalt nicht in unser Denken, das gerne alles möglichst einheitlich und einfach hätte. Aber kein Mensch ist genau wie der andere. Und Kinder brauchen Zeit, um sich zu entwickeln. Oder „Sie macht unser Familienleben so schwierig!" – Ist das so? Und kann man das einem Kind derartig vorwerfen? Nein, es gehören meistens mehrere Ursachen dazu, dass etwas als schwierig empfunden wird. Vielleicht wissen die Erwachsenen zu wenig über das Kind, vielleicht ist ein Elternteil auch nicht so belastbar wie andere Erwachsene. Und Formulierungen, die das Kind als Schuldigen dastehen lassen, greifen zu kurz. Es ist nicht das Kind, das das Familienleben schwierig macht. Etwas im Miteinander von Eltern und Kind oder etwas in jeder Person macht den Alltag herausfordernd. Wieder ist der Blick der Erwachsenen zu eindimensional und zu verurteilend.

Manchmal liegt es aber doch auch am Kind, weil es anders ist als andere. Oder weil es mehr Unterstützung in diesem oder jenem Bereich seiner Entwicklung benötigt. Ich mache mich mit dir auf den Weg, dein Kind in seinem So-Sein besser einschätzen und unterstützen zu können. So übersiehst du nichts und kannst aktiv dazu beitragen, dass euer Alltag leichter wird: Weil du verständnisvoller wirst und dein Kind besser begleiten kannst.

Warum habt ihr ständig Stress?

Fällt ein Kind dauerhaft auf und ist der Umgang mit ihm herausfordernd, stellen andere Menschen in der Regel immer sehr ähnliche Vermutungen an: Möglicherweise könnten die Eltern „in ihrer Erziehung versagt haben". Oder aber „das Kind stellt sich halt an". Vielleicht ist es „träge". Oder will einfach „nur Aufmerksamkeit". Schnell gilt es als „verhaltensauffällig" oder gar „gestört". Auf jeden Fall wird es für „falsch" gehalten.

Ein rein negativ bewertender Blick ist aber wirklich nicht fair.

> Bin immer wieder ernüchtert, dass Erwachsene aus all den möglichen Gründen, die ein Kind für ein Verhalten haben kann, so oft als erstes einen niederträchtigen auswählen.
>
> @HummelFamilie auf Twitter

Vielleicht betrachtest du manchmal dein Kind und dann das gleichaltrige einer befreundeten Familie. Sie haben ein ähnliches Umfeld, ähnliche Erfahrungen, aber verhalten sich dennoch in der gleichen Situation unterschiedlich. Was findest du, wenn du ganz genau hinschaust: Unterschiedliche Erziehungsstile? Andere Lebensumstände? Verschiedene Wesensarten? Eine Erkrankung? Oder tatsächlich ein anderes Wahrnehmen? Eine mögliche Unsicherheit? Das ist nicht immer leicht zu sagen. Alle in den Sprechblasen auf S. 13/14 genannten Beispiele können nämlich aus sehr unterschiedlichen Ursachen heraus anstrengend sein:

- Dein **Erziehungsstil** kann unter Umständen eine ungute Begleitung sein und die **Bindungssicherheit** deines Kindes beeinflussen. Es benötigt ein stärkendes, kein schwächendes Umfeld.
- **Alter und Entwicklungsstufe deines Kindes** können verursachen, dass seine Fähigkeiten nicht zu deinen Erwartungen passen.

Dann findest du sein Verhalten „falsch“, ohne dass diese Sicht wirklich berechtigt ist. Dein Kind benötigt ausreichend Reifezeit.

- Der **Zugang zur eigenen Gefühlswelt** kann bei deinem Kind nicht gut sein.
- Die **Bewertung** von Geschehnissen kann bei dir und deinem Kind sehr unterschiedlich ausfallen und Konflikte schüren.
- Dein Kind kann durch **Stress von außen** belastet sein.
- Es kann **körperlich nicht gesund** sein oder **psychische Störungen** aufweisen.
- **Dein Kind kann ein anderes oder herausforderndes Wesen und eine andere oder beeinträchtigende Wahrnehmungsart haben als du.** Damit muss es erst einmal umzugehen lernen. Außerdem kann deine Unterstützung dabei, Wahrnehmung gut zu lernen, vielleicht zu gering sein.

Einige dieser Punkte sind dir sicher bereits bewusst. Anderes hast du womöglich bislang übersehen. Ich schau jetzt mit dir hin, damit du nichts vergisst, und gebe dir Impulse, wie du für alle Bereiche Klarheit finden kannst. In den Sprechblasen der folgenden Kapitel liest du außerdem, was dein Kind sich mitnimmt, wenn der jeweilige Bereich bei euch gut begleitet wird.

Dein Erziehungsstil und die Bindungssicherheit deines Kindes

Ich weiß, es ist immer
jemand für mich da! Gerade auch dann,
wenn es mir schlecht geht.

Wenn du an einen glücklichen, lebenstüchtigen Erwachsenen denkst, hast du wahrscheinlich im Kopf, was seinen Weg bis dahin positiv bestimmt hat. Zum Beispiel eine recht unbeschwerte Kindheit voller guter Beziehungen und Bezugspersonen, die kindliche Bedürfnisse gesehen und erfüllt haben. Diese schenken einem Kind Bindungssicherheit. Wenn du in guter Beziehung zu deinem Kind bist und seine, aber auch deine Bedürfnisse sensibel bemerkst, kann es stark ins Leben gehen, egal welche Herausforderungen es zu meistern hat.

Manchmal wird ein Kind in den ersten Lebensjahren nicht immer ausreichend gut begleitet. Vielleicht fehlen den Eltern Wissen oder Ressourcen, um es besser zu machen. Dann kann es sein, dass ihr Kind als Reaktion fordernde Verhaltensweisen entwickelt. Der Zusammenhang ist nicht immer sofort ersichtlich.

Wie ist dein Gefühl in eurem Fall? Beispielsweise kann zu wenig Orientierung durch dich zur Folge haben, dass dein Kind sich schwertut, Entscheidungen zu treffen oder besprochene Abläufe einzuhalten. Und wenn du zum Beispiel eher kühl und distanziert bist, kann das bewirken, dass dein Kind sich eher anstrengend zeigt. Denn durch dieses Verhalten fordert es unbewusst Beziehung und Nähe ein.

Bist du unsicher, kann eine Erziehungsberatung für Klarheit sorgen. Die beratende Person sollte sich damit auskennen, inwieweit Bindungsunsicherheiten oder auch Stress auf Kinder- oder auch Elternseite Handeln und Lernen erschweren können.

Lesetipp: Bücher zur erzieherischen Haltung können dir in einer solchen Situation helfen. Deinen Erziehungsstil kannst du auch mithilfe meines Buches „Nicht zu streng, nicht zu eng“, humboldt (2022), gut erkennen und bearbeiten.

Die Entwicklungsstufe deines Kindes

> Ich weiß, ich habe Zeit
> und meine Eltern werden nicht dauernd
> ungeduldig mit mir!

Einige Verhaltensweisen sind bei deinem Kind aber ganz sicher auch einfach nur so herausfordernd für dich, weil es eben ein Kind ist und noch viel üben, ausprobieren und reifen muss. Sein Alltag entspricht dabei an manchen Stellen vielleicht so gar nicht seinen Bedürfnissen. Wer mag zum Beispiel schon früh am Morgen auf den Weg in den Kindergarten starten, wenn die Spielzeugwelt im Kinderzimmer gerade so viel Spaß macht?

Wenn du nicht genau weißt, was ein Kind im Alter deines Kindes schon können sollte und was du noch nicht erwarten kannst, überschätzt du es vielleicht. Dann bist du leicht verärgert, weil vieles so stressig abläuft. Wenn du besser über kindliche Entwicklung Bescheid weißt, wird sich euer Zusammenleben entspannen, da du leichter annehmen kannst, dass die Tage noch eine Weile schwierig sind. Aber es gibt auch etliche Impulse, die dir den Alltag mit einem Kind in herausfordernden Phasen erleichtern.

Lesetipp: Die Bücher der Wunschkind-Reihe von Katja Seide und Danielle Graf, erschienen im Beltz Verlag, geben einen guten Überblick über die Entwicklungsphasen in der Kindheit. So kannst du besser einschätzen, wann du welchen Entwicklungsschritt bei deinem Kind erwarten kannst. Außerdem kann ich dir „Liebevoll durch die Trotzphase“ von Barbara Weber-Eisenmann und Lisa Wurzbach, humboldt

(2022), sowie „Die Wackelzahn-Pubertät: Gelassen durch die 6-Jahres-Phase“ von Laura Fröhlich, humboldt (2020), ans Herz legen.

Euer guter Zugang zu den eigenen Gefühlen

Ich weiß, was ich fühle,
und darf es zeigen!

Ein freier Umgang mit den eigenen Gefühlen gehört unbedingt zu einer gesunden Entwicklung dazu. Euer Motto darf lauten: *„Wut, Unmut, Traurigkeit, Freude ... bei uns ist Platz für alles!“*

Darf dein Kind so leben, ist die Wahrscheinlichkeit hoch, dass ...

- es sich körperlich und seelisch recht gut entwickelt.
- es (begleitet und irgendwann selbständig) Krisen meistern kann und seinen Selbstwert kennt.
- es mit anderen Menschen und mit schulischem Lernen kompetent umgehen kann.
- es psychisch stabiler sein wird als Kinder, denen ein guter Gefühlszugang fehlt.

Inzwischen gibt es viele Kinderbücher rund um das Thema Gefühle, die du mit deinem Kind durchstöbern kannst. Ich möchte dir kein konkretes Buch empfehlen, weil die meisten nur ein Gefühl zum Thema haben wie Wut, Traurigkeit oder Scham und du individuell schauen solltest, mit welcher Emotion dein Kind sich gerade am meisten befassen mag. Allgemein sind Wimmelbücher immer hilfreich, in denen ihr sicher die ganze Palette an Gefühlen entdecken könnt.

Dein eingeschränkter Blick

> Ich weiß, meine Eltern nehmen mich ernst und schauen hinter mein Verhalten!

In manchen Stressmomenten bewertest du Dinge anders als dein Kind und ihr geratet deshalb in einen Konflikt. Das kannst du oft entspannen, indem du nochmal ganz genau hinschaust, ob deine Bewertung wirklich gerechtfertigt ist.

Einige Beispiele:

- Zieht dein Kind sich wirklich immer zu dünn an? Oder fühlt es Temperatur eben anders als du? Und ist „zu dünn" einfach nur deine Kategorie, die eigentlich gar nicht sachlich ist?
- Isst dein Kind wirklich zu fettig? Oder hast du einfach eine andere, vielleicht überzogene Vorstellung von gesunder Ernährung?
- Ist dein Kind echt unkonzentriert im Musikschulkurs? Oder sind die Umstände in dieser Gruppe eigentlich gar nicht kindgerecht? Oder hast du ein falsches Verständnis davon, wie gut sich ein Kind in dem Alter konzentrieren können sollte?

Jeder Mensch bewertet die Dinge, die ihm fremd vorkommen, ihn stören oder stressen – und das häufig eher negativ. Das ist nicht nur in Bezug auf Kinder so. Andere Erwachsene betrachtest du vielleicht ebenfalls manchmal kritisch, wenn sie etwas anders machen als du selbst. Bevor du eine Bewertung hinterfragen kannst, musst du sie dir erst einmal bewusst machen. Und gerade dem eigenen Kind gegenüber fällt das mitunter schwer.

Weißt du als erwachsene Person nicht einfach viel besser, wie die Welt funktioniert und was richtig ist? Ist deine Bewertung dann nicht vollkommen sachlich und neutral?

Diese Haltung tragen viele Erwachsene in sich und oft ist da auch etwas dran. Denn ein Kind kann aufgrund seines Entwicklungsstandes viele Konsequenzen nicht mitdenken. Das heißt aber nicht, dass du es dir rechthaberisch bequem machen solltest.

Es lohnt sich, deine Bewertung zu durchleuchten. Bei einem Kind, das in irgendeiner Weise auffällt, bist du als erwachsene Person in der Pflicht, nach seinem **guten Grund** zu schauen, anstatt schnell Schuld zu suchen und dich festzulegen. Boshaftigkeit als Ursache kannst du dabei weit hinten im Regal der möglichen Gründe liegen lassen. Wirkt ein Benehmen boshaft, steckt dahinter in Wirklichkeit vielleicht Überforderung oder Unsicherheit.

Fällt dir deine eigene unpassende Bewertung auf, kannst du besser auf dein Kind zugehen und ihr habt vielleicht schon eine Handvoll Streitsituationen weniger.

> Was heißt denn vorsätzlich bei einem Kind?
> Aus Boshaftigkeit? Ich denke, alles Verhalten hat Gründe.
> Nöte, Überforderung, noch nicht entwickelte Fähigkeiten.
> Nachhaltiges Lernen geht in Beziehung und über Begreifen,
> nicht Strafe, Distanz, Abwertung.
>
> @HummelFamilie auf Twitter

Lesetipp: Mit dem Buch „Machtgeschichten“ von Anne Sophie Winkelmann, edition claus (Neuauflage 2022), kannst du solche Bewertungen entdecken.

Der Stress von außen

> Ich weiß, meine Eltern sehen es, wenn mein Leben gerade schwierig ist!

Vielleicht hat das herausfordernde Verhalten deines Kindes mit einer Anspannung zu tun, die gerade von außen kommt: Kitaeingewöhnung, Geschwistergeburt, Elternstreit oder gar -trennung, Umzug, Erzieher*innenwechsel, Streit mit Gleichaltrigen, Überforderung durch eine unpassende Betreuungsform – da ist vieles denkbar. Erlebt ein Kind solchen Stress, reagiert es oft unbeherrscht. Fällt dir dazu etwas ein, das du im Blick haben solltest? Unter Umständen kann dir eine Erziehungsberatung dabei helfen, die Belastungen zu sortieren und zu verringern.

Die Körperfunktionen und mögliche Störungen im Innen

> Ich kann wahrnehmen!

Wie wichtig manche Voraussetzungen für ein gesundes Aufwachsen sind, fällt dir meist erst dann auf, wenn sie nicht vollkommen vorhanden sind. So ist es natürlich das Beste, wenn alle Körperfunktionen und Organe, die dein Kind zum Wahrnehmen braucht, gesund sind und funktionieren: Wenn es gut sieht, zwei gesunde Arme benutzen kann, seine Lungen einwandfrei funktionieren und die Ohren intakt sind. Diese Bereiche werden größtenteils von den Standardvorsorgeuntersuchungen gut abgedeckt, so dass du bei Einschränkungen frühzeitig handeln kannst. (Eine Ausnahme betrifft allerdings unser größtes Wahrnehmungsorgan, die Haut. Sie findet in den Vorsorgeuntersuchungen leider wenig Beachtung, kann allerdings sehr über- oder unterempfindlich sein und damit für Probleme sorgen. Mithilfe dieses Buches wirst du sie aber aufmerksamer sehen können.)

Vielleicht wurde bislang auch etwas übersehen. Frag ruhig noch einmal genauer in eurer kinderärztlichen Praxis nach.

Möglicherweise liegt eine gesundheitliche Beeinträchtigung auch tiefer in deinem Kind. **Zeigt sich ein herausforderndes Verhalten längerfristig (etwa 6 Monate) und beeinflusst es eure ganze Familie dauerhaft, ist ein fachlicher Blick von außen unerlässlich, um konkret festzustellen, was los ist.** Psychisch und körperlich. Eventuell kann so auch ein bestimmter Verdacht ausgeschlossen oder aber festgestellt werden – zum Beispiel die Aufmerksamkeitsdefizit-/Hyperaktivitätsstörung (ADHS), die als psychische Erkrankung gilt und nicht selten diagnostiziert wird. Hier Klarheit zu haben, hilft Kind und Eltern.

Die Wesensart und die Wahrnehmungsart deines Kindes

Ich traue mich wahrzunehmen!
Und ich nehme mir Zeit dafür!

Die Ursache dafür, dass du dein Kind als herausfordernd empfindest, kann auch in seinem Wesen und seiner Art wahrzunehmen liegen. Das soll mein Buch dir zeigen. Dein Elternsein wird leichter, wenn du darüber Bescheid weißt. Dann verschwinden Missverständnisse und Herausforderungen an vielen Stellen fast automatisch. Erwachsene bewerten nämlich oft nicht nur ein Verhalten, das anders ist als ihre eigenes. Nein, sie bewerten dabei auch oft die dahinterstehende Wesensart und auch die Wahrnehmungsart eines Menschen.

Wesen und Wahrnehmung hängen eng miteinander zusammen: Ist jemand schüchtern, traut er oder sie sich vielleicht nicht, alles zu tun, was für seine Wahrnehmung wichtig wäre. Und ist jemand eher wild, hat er oder sie vielleicht nicht die Ruhe, alles wahrzunehmen. Es ist hilfreich für die Schulung seiner Wahrnehmung, wenn dein Kind Mut und Lust hat, auf Mäuerchen zu balancieren, oder wenn es die Ruhe hat, einer Gruppe Vögel beim Spielen zuzuschauen. Sein Naturell bestimmt mit, wie intensiv es das Wahrnehmen übt und verbessert.

Diese Voraussetzung für die gesunde Entwicklung deines Kindes rückt oftmals nur dann in dein Bewusstsein, wenn dein Kind mit einem Wesen zur Welt kommt, das solche Situationen erschwert – zum Beispiel mit erhöhter Ängstlichkeit oder starker, impulsiver Wildheit. Dann sind Wahrnehmungslust oder -kraft womöglich eingeschränkt.

Um diese Besonderheiten wissen leider immer noch zu wenige Eltern. Sogar Menschen, die pädagogisch oder medizinisch mit Kindern arbeiten, haben manchmal Nachholbedarf. Oft werden alle Kinder über einen Kamm geschert beziehungsweise Kinder mit eher herausfordernden Wesensarten nicht einfach als *anders*, sondern als „falsch“ und korrekturbedürftig gesehen. Zum Glück gibt es inzwischen viel Aufklärungsarbeit, und manchmal werden bestimmte

Wesensarten heute schon gut zu Hause, im Kindergarten oder der Schule berücksichtigt. So muss sich auch dein Kind nicht „falsch" fühlen.

WAHRNEHMUNG UND WESEN BEDINGEN EINANDER

Die Wahrnehmungsart ist mit der Wesensart eng verknüpft. Du hast schon gesehen, dass das angeborene Wesen die Wahrnehmungslust und -kraft beeinflussen kann. Andersherum kann auch eine eher problematische Wahrnehmungsart das kindliche Wesen „übermalen": Vielleicht ist es gar nicht schüchtern, wild oder Ähnliches, sondern wirkt nur so, weil seine Wahrnehmung Unsicherheiten aufweist. Dieses Buch wird dir helfen, das genauer zu erkennen. Aber unter Umständen wird dir die Unterscheidung allein nicht gelingen. Ob du einen Expert*innenblick von außen brauchst, erfährst du in den entsprechenden Passagen des Buches.

Ich darf wahrnehmen und habe Hilfe!

Weiterhin ist es hilfreich, wenn dein Kind durch deine Begleitung die Möglichkeit bekommt, oft draußen zu sein, Menschen zu treffen, verschiedene Materialien zu nutzen und bei Schwierigkeiten Beistand zu bekommen. Wenn du also dafür sorgst, dass es in verschiedenen Situationen gut begleitete Erfahrungen machen kann, ist das bestens für die Entwicklung. Die bereits genannten Aspekte Bindungssicherheit und guter Gefühlszugang spielen hier auch mit hinein. Sie bilden den Rahmen für viele Lernerfahrungen.

Ob du dein Kind gut unterstützen kannst, liegt leider oftmals nicht komplett in deiner Hand. Die Coronapandemie war beispielsweise ein starker Störfaktor, der Familien weit über ein normales Maß hinaus belastet hat. Aber auch im normalen Alltag bestimmen euer Wohnort, die Betreuungsmöglichkeiten, deine psychische Gesundheit und so vieles mehr mit, welches Umfeld dein Kind für seine Entwicklung hat. Eine Erziehungsberatung kann hier helfen, wenn du das Gefühl hast, deine Ressourcen sind am Limit.

> Ich kann Wahrgenommenes verstehen und nutzen!

Körperliche Gesundheit, Wesen und elterliche Unterstützung bestimmen die gute Ausbildung der Wahrnehmung aber eben nur zur Hälfte. Ja, ein Kind muss gesunde Augen oder eben eine Sehhilfe haben, um visuelle Eindrücke aufnehmen zu können. Es braucht die Lust und Motivation, Reize aufzusuchen und auf sich wirken zu lassen. Es benötigt Bezugspersonen, die es auf seinem Weg begleiten, einen anregenden Alltag bieten und bei der Sortierung aller Eindrücke helfen. All diese Aspekte werden in der pädagogischen und medizinischen Begleitung von Kindern beachtet, doch genau der Bereich der Wahrnehmung an vielen Stellen noch viel zu wenig. Er geht im modernen Alltag rasch unter.

Besonders angeborene Unterschiede von Mensch zu Mensch sind wahrscheinlich auch dir kaum bewusst. Oder könntest du auf Anhieb sagen, wie sich die Wahrnehmung von dir und deiner besten Freundin oder deinem besten Freund unterscheidet? Wer spricht schon darüber? Oder über die gezielte Anregung bestimmter Wahrnehmungsfelder wie beispielsweise der Innenwahrnehmung?

Wir haben selten im Blick, was wir selbst oder andere gerade tatsächlich alles fühlen. Es ist sehr klug, das zu ändern. Damit auch dein Kind irgendwann gut weiß, was es fühlt und was es braucht.

Die Wahrnehmungsart ist ein grundlegender Bereich für eine gesunde Entwicklung: Werden alle Informationen ausgefeilt aufgenommen, erkannt und sortiert? Und ist dein Kind dabei nicht überfordert?

BEEINTRÄCHTIGTE KINDER FALLEN AUF

Interview mit Ergotherapeutin Sarah Blume

Sarah Blume ist vierfache Mutter und Ergotherapeutin. Für diesen Ratgeber habe ich sie zu verschiedenen Themen um ihre fachliche Einschätzung gebeten. Unter anderem zur folgenden Frage:

Wie zeigt es sich, wenn ein Kind wahrnehmungsunsicher ist?

Im Kindergartenalter werden Kinder mit Wahrnehmungsproblemen oft als tollpatschig angesehen. Sie stürzen häufiger als Gleichaltrige, sie machen mehr kaputt oder verschütten zum Beispiel oft ihre Getränke. Manche Kinder können dem Buch, das alle anderen so spannend finden, nicht folgen – es ist zu viel auf einmal. Oder aber das Stillsitzen und Zuhören ist schlicht zu langweilig – es fehlen Reize, die das Kind sich dann durch „Blödsinn“ sucht: Es spielt.
Das Personal in den Betreuungseinrichtungen ist heutzutage oftmals geschult, die Entwicklung der Kinder zu beobachten. Natürlich macht das Fachpersonal das anders als eine Kinderärztin oder ein Ergotherapeut. Diese anderen Blickwinkel helfen aber oft schon weiter, ergeben ein Gespräch oder einen Hinweis, manche Dinge therapeutisch abklären zu lassen.

ERGOTHERAPIE UND PSYCHOMOTORIK

Ergotherapeut*innen regen Kinder oder Erwachsene durch Übungen und Spiele dazu an, zu handeln, wirklich ins Machen und Spüren zu kommen. Sie helfen ihnen dabei, Fähigkeiten (wieder) zu erlangen, die ihnen den Alltag erleichtern. Manche Patientinnen und Patienten haben sie beispielsweise durch einen Unfall verloren, andere hatten die Fähigkeit bisher noch gar nicht entwickelt. Ergotherapie hilft zum Beispiel auch im Zuge von Wahrnehmungsproblemen, um handlungsfähiger und selbständiger zu werden.

Psychomotorisches Turnen ist ebenfalls eine gute Unterstützung der Wahrnehmungsentwicklung. Hier werden Wahrnehmung und Bewegung gleichermaßen gefördert.

Es gibt keine eindeutige Verknüpfung, es ist also nicht so, dass ein Kind mit einer bestimmten Verhaltensauffälligkeit auf jeden Fall DAS bestimmte Wahrnehmungsproblem hat. So simpel ist es leider nicht. Aber dass es Besonderheiten beim Wahrnehmen gibt und diese sich auf das Leben eines Kindes und seiner Familie auswirken können, ist unbestritten. Sicher ist ebenfalls, dass wir Eltern die Entwicklung der Wahrnehmung unseres Kindes auf jeden Fall gut fördern sollten.

Wenn du dein Kind außerdem gut verstehst, kann euer Miteinander leichter gelingen. Wir alle nehmen die Welt unterschiedlich wahr: Wo kommt ein Geräusch her? Was macht man mit einem bestimmten Gegenstand? Was bedeutet das für mich und mein Handeln? Wir alle ticken anders als andere. Daraus können Unstimmigkeiten entstehen: Was die eine wild, laut oder unangenehm findet, ist für den anderen gerade richtig. Menschen reagieren deshalb unterschiedlich und treffen andere Entscheidungen. Sie bewerten und lösen

Probleme auf verschiedene Arten und sind unterschiedlich rasch überfordert.

Ob die Wahrnehmungsart eine oder die alleinige Ursache dafür ist, warum du und dein Kind in Konflikte geratet, wirst du mit diesem Buch herausfinden. Denk an die Aussagen: *„Ich traue mich wahrzunehmen! Und ich nehme mir Zeit dafür!“* und *„Ich kann Wahrgenommenes verstehen und nutzen!“* Gilt das alles für dein Kind? (Verschiedene Wahrnehmungsarten können übrigens genauso Gründe dafür sein, warum du selbst mit anderen Erwachsenen in Kontroversen gerätst. Auch dafür kannst du beim Lesen dieses Ratgebers mehr und mehr Verständnis entwickeln.)

Wenn du die Wahrnehmungsentwicklung deines Kindes mithilfe dieses Buches förderst, schenkst du ihm gute Voraussetzungen.

Ich beantworte mit dir im Folgenden diese Fragen:

- Welche Wahrnehmungsunterschiede gibt es zwischen Menschen?
- Was kann dein Kind?
- Welches Wesen bringt es mit?
- Wie fühlt es und wie nimmt es wahr?
- Was läuft in deinem Kind ab, wenn es einen Reiz aufnimmt? Welchen Bauplan hat seine Wahrnehmung?
- Welche Sinne nutzt es?
- Wie können diese Sinne durch Unter- oder Überempfindlichkeit Probleme machen?
- Wie entstehen eventuell Schwierigkeiten, weil dein Kind manche Reize beachtet und andere nicht?
- Welche Probleme entstehen, wenn die Sinne nicht gut zusammenarbeiten?
- Wie kannst du dein Kind unterstützen, möglichst sinnvoll zu handeln und lebensfit zu sein?

Was musst du unbedingt über Wahrnehmung wissen?

Wahrnehmung kann besonders aus drei Gründen zu Schwierigkeiten zwischen dir und deinem Kind führen:

- Vielleicht nimmt dein Kind grundsätzlich **anders** wahr als andere (und als du).
- Eventuell schreitet seine Entwicklung im Bereich Wahrnehmung etwas **langsamer** als bei anderen voran (und ist deshalb noch ganz anders als bei dir).
- Oder seine Wahrnehmung ist an irgendeiner Stelle nachhaltig **beeinträchtigt**.

Diese drei Fälle erkläre ich dir im Folgenden genauer.

Die andersartige Wahrnehmung

Damit ein Mensch sinnvoll wahrnehmen kann, also so, dass er passend dazu fühlen und handeln kann, und ohne dass es andauernd zu Konflikten kommt, müssen viele Bereiche klug ineinandergreifen. Zum Beispiel muss er Reize spüren und analysieren, was sie bedeuten. In jedem der Bereiche sind Unterschiede von Mensch zu Mensch möglich. (Im Kapitel „Die vielschichtigen Schritte der Wahrnehmung" lernst du genauer, wie Wahrnehmung im Detail abläuft.) Wie sensibel Reize aufgenommen werden, unterscheidet sich stark: Einer hört die leisesten Töne, die andere nur den lauten Knall. Oder die Bewertung kann verschieden ausfallen: Eine findet das Licht zu dunkel, der andere möchte es noch weiter dimmen.

Es gibt daher auch bei Menschen nicht die eine richtige Sichtweise eines Momentes: Ist es laut? Zu laut sogar? Ist es hell oder dunkel? Zu dunkel? Jede*r von uns ist beeinflusst von ...

- der **Art der Auswahl** von Informationen aus der Umwelt: Wie sehe ich die Situation? Was schaue ich mir dabei an? Was nicht? Wie empfindlich bin ich?
- der **Art der Verarbeitung** der wahrgenommenen Informationen: Nehme ich mir Zeit, um alles zu betrachten? Welche Informationen lasse ich vielleicht komplett aus? Komme ich mit Stressgefühlen dabei zurecht?
- der **Art der Erfahrungen**, die er oder sie bereits gemacht hat: Was weiß ich schon darüber (oder noch nicht)? Welche Bedeutung hat dies oder jenes für mich?

Wegen dieser Einflüsse gibt es eine riesige Bandbreite von Wahrnehmungsarten. Das kannst du dir vorstellen wie unterschiedliche Maschinen: Die eine hat eine kleine Öffnung, in die Körner geschüttet werden, so dass sie langsam reinfallen und innen fehlerlos der Größe nach sortiert in entsprechende Gefäße fallen. Die andere Maschine hat eine große Öffnung, so dass das Schüttgut schnell im Inneren landet und beim Sortieren Fehler passieren. Und die dritte hat vielleicht wieder eine kleine Öffnung, aber innen nur ein Gefäß, so dass gar nicht sortiert werden kann. Wie sollen alle drei Maschinen die gleichen Ergebnisse, nämlich gut sortierte Körner, liefern? Im übertragenen Sinn: Menschen, die so unterschiedlich in ihrer Wahrnehmung beeinflusst sind, reagieren oftmals nicht gleich. Dadurch kann es zu Konflikten kommen, gerade wenn man nicht darum weiß. In ihrem eigenen System handeln die Personen aber sinnvoll.

Diese Unterschiede und Abweichungen haben sehr häufig überhaupt gar keinen Krankheitswert und sind nicht behandlungsbedürftig. Es gibt eine breite Mitte, die *Norm*, aber auch links und rechts davon noch viele Varianzen, die nicht bedenklich sind. Das ist im Grunde wie bei Körpergrößen: Nur weil beispielsweise die meisten Erwachsenen in Deutschland im Schnitt 1,72 Meter groß sind, ist eine Person mit einer Länge von 1,55 Meter oder 2,05 Meter nicht minderwertig, fehlerhaft oder muss unbedingt in ärztliche Behandlung. Und nur weil dein Kind Geräusche exakter wahrnimmt als du, ist seine Wahrnehmung nicht falsch. Das ist vielleicht lästig, wenn es deshalb beispielsweise die Nagelschere nicht mag, aber es ist lösbar. Ob dein Kind anders wahrnimmt als du oder viele andere, kannst du im zweiten Teil dieses Buches „Entdecke dein Kind neu" herausfinden.

Es ist gut, wenn du eine Andersartigkeit erkennst und bestmöglich begleitest, anstatt in so einem Fall zu sagen: *„Stell dich nicht so an!"* Das Kapitel „Wie kannst du eine andere Wahrnehmungsart erkennen?" wird dir viel Klarheit bringen. Und die alltagspraktischen Übungen aus dem zweiten Teil des Buches machen dein Kind wahrnehmungssicherer.

Die sehr langsame Entwicklung

Dass die Entwicklung der Wahrnehmung bei einem Kind etwas gemächlicher abläuft als bei anderen, ist gar nicht selten. Das betrifft vermutlich ungefähr jedes sechste Kind und damit vielleicht auch deines. Bei vielen davon gab es keine besonders nachteiligen Auslöser (wie zum Beispiel eine Frühgeburt, zu geringe Anregungen in den ersten Lebensjahren oder gar Alkoholmissbrauch der Mutter in der Schwangerschaft). Diese Kinder sind einfach so. Das ist kein Defizit, das therapiert werden muss. Genauso wie manche Kinder schon mit 10 Monaten laufen können und andere erst im Alter von 16 Monaten. Ein bisschen später in ihrem Leben macht das schon keinerlei Unterschied mehr.

Ob dein Kind sich in Sachen Wahrnehmung zu langsam entwickelt, kannst du mit eurer kinderärztlichen Praxis klären, wenn dir im Kapitel „Entdecke dein Kind neu“ Bereiche auffällig erscheinen. In der Regel sollte das aber schon bei den Vorsorgeuntersuchungen aufgefallen sein. Dein To-dos sind die alltagspraktischen Ideen aus den letzten Kapiteln des Buches. Sie machen dein Kind Schritt für Schritt wahrnehmungssicherer.

Die beeinträchtigte Wahrnehmung

Ist die Wahrnehmung an einer bedeutenden Stelle beeinträchtigt, ist möglicherweise auch der Mensch in seiner Lebensführung und seinem Glück beeinträchtigt. Dann muss Hilfe her, zum Beispiel in Form von Ergotherapie oder zusätzlich psychomotorischem Turnen.

Eine erste Einschätzung dazu, wo dein Kind hier steht, kannst du auch mithilfe dieses Buches treffen und dann eventuell in eurer kinderärztlichen Praxis genauer hinschauen lassen. Das ist an den entsprechenden Stellen im Buch, vor allem bei der Auswertung der Fragebögen, vermerkt. Wenn du an irgendeiner Stelle unsicher bist, ob die Entwicklung noch okay verläuft, suche Klärung durch Expert*innen. Wahrnehmung ist kompliziert und bei starken Verzögerungen und Problemen muss die Arbeit individuell auf ein Kind abgestimmt durch eine therapeutische Fachkraft erfolgen. **Fällt dir bei der Lektüre dieses Ratgebers ein Bereich immer wieder ins Auge und zeigt sich das Thema in eurem Alltag als belastend für dein Kind, für dich oder für eure Beziehung, bitte lieber zu früh als zu spät um eine fachliche Bewertung.**

Dieses Buch soll dir Mut machen, fachliche Hilfe zu suchen, wenn du unsicher bist. Es geht hier nämlich auf keinen Fall darum, Fachkräften Diagnose- oder Therapiearbeit zu entreißen. Sie machen eine wichtige Arbeit! Dich soll die Frage leiten: Ist mein Kind oder unser Miteinander dauerhaft beeinträchtigt? Eure kinderärztliche Praxis allein kann das selten klären, ohne weiteres Fachpersonal hinzuzuziehen. Hier braucht es oft verschiedene Fachrichtungen, die sich die geistige Reife des Kindes, seinen sonstigen Entwicklungsstand, sein angeborenes Wesen, sein Umfeld (also auch die elterliche Begleitung) oder mögliche Erkrankungen anschauen. Außerdem wird gecheckt, wie das Kind Reize auswählt und bewertet und wie es sich im Alltag bewegt. Ergotherapeut*innen beobachten und schätzen ein, Kinder- und Jugendlichenpsychotherapeut*innen diagnostizieren und können auch Diagnosen ausschließen.

Dieses Buch soll und kann ein sicheres Vorhandensein von Beeinträchtigungen der Wahrnehmung nicht feststellen. Stattdessen soll es dir helfen, das Wesen deines Kindes besser kennenzulernen, unabhängig davon, ob seine Wahrnehmung anders oder beeinträchtigt ist. Das wird eurer Beziehung guttun. Und es soll dir helfen zu erkennen, ob du weitere Unterstützung bei dem Thema benötigst.

Die Vorteile von Wahrnehmungsstärke

Dieser Ratgeber will die Stärkung für euch beide:

- Es verbessert dein Wissen über Wahrnehmung und deine Sicht auf dein Kind.
- Es stärkt die Wahrnehmung deines Kindes nach innen und nach außen, auf sich und auf die Welt.

Besonders im Kleinkindalter und vor der Einschulung ist Wahrnehmung ein Entwicklungsfeld, in dem alle Kinder viel zu lernen haben. Allein deswegen kommt es häufig schon im Kindergarten und spätestens in der Schule zu Konflikten. Alles, was Kinder in ihren ersten Lebensjahren lernen können, trägt sie durch die folgenden Jahre und gehört zu ihrem Fähigkeitennetz:

- zur Bewältigung des Lebens,
- fürs kompetente soziale Miteinander,
- fürs lebenslange Lernen
- und vor allem auch für einen guten Umgang mit sich selbst.

Mit großer Wahrnehmungsstärke und -sicherheit kann Verhalten einfach sinnvoller sein, also zu weniger Konflikten führen.

Wahrnehmung in den Blick zu nehmen und auf der anderen Seite Beziehungen zu stärken, ändert unter Umständen sehr viel. Und das hat dann wiederum nicht nur positive Auswirkungen auf die Lernmotivation eines Kindes (und irgendwann einen Zeugnisdurchschnitt). Sondern es wirkt sich viel tiefgreifender und langanhaltender aus auf die Art, ins Leben zu gehen, sich auf andere einzulassen, mit Menschen und der Welt zurechtzukommen.

All das hat ein Kind langfristig von einer guten Wahrnehmung – dein Kind auch. Am besten schon vor dem Schuleintritt.

Wenn du weißt, wie dein Kind fühlt, und es in seiner Wahrnehmung stärkst, wird es wahrscheinlich weniger anecken und sich weniger oft „falsch" fühlen. Gerade auch im Umgang mit dir. Du kannst viel davon zu Hause leisten, ganz ohne dein Kind zu verbiegen und an andere anpassen zu wollen. Wahrnehmungsfähigkeiten entwickeln und verbessern sich im Kindesalter nach und nach, allerdings nicht durch ewiges Ermahnen oder gar Strafen. Auch Erklärungen reichen nicht aus. Wahrnehmungsstärkung kannst du spielerisch in den Alltag einbauen. Sie ist wichtig, um kompetent im modernen, komplexen Alltag zurechtzukommen. Damit ihr einander zu Hause besser versteht. Damit euer Familienalltag leichter gelingen kann. Und damit auch dein Kind möglichst stark ins Leben geht sowie Herausforderungen meistern kann.

„Sag mir nicht, was ich lassen soll.
Sag mir, was ich tun kann."
Kleiner Erinnerer für das Leben mit Kindern.

@HummelFamilie auf Twitter

Vielleicht gibt es bei deinem Kind einen Wahrnehmungsbereich, den du besonders ins Auge fassen kannst: Entweder um zu erkennen, dass dein Kind da anders funktioniert als du, und um ihm Verständnis entgegenzubringen: *„Du brauchst keine dicke Jacke, denn dir ist gar nicht so kalt wie mir."* Oder aber um zu sehen, dass es dort noch mehr Zeit und Übung benötigt als Gleichaltrige: *„Du brauchst Hilfe, um Temperaturen noch besser einschätzen zu können. Wir üben das."*

Doch bitte beachte, dass dieses Buch kein Beitrag zu unnötigem Förderwahn sein soll. Ständige Sorge und dauerndes Optimieren beschweren eine Kindheit. Ich möchte aber, dass sie leichter wird! Wichtig ist: Wahrnehmung macht Spaß! Gönnt ihn euch. Es soll allen dabei gut gehen, sowohl deinem Kind als auch dir.

Die Unterschiede in der Wahrnehmung wirst du nie gänzlich beseitigen können. Aber Verständnis dafür, welche möglichen Unterschiede es von Mensch zu Mensch gibt und wie dein Kind funktioniert, ist ein erster wichtiger Schritt. Das kann dir helfen, im Alltag möglichst oft zugewandt zu bleiben. Weil du nicht mehr verurteilst, sondern verstehst.

Wenn du dich umschaust und Material zur Wahrnehmungsförderung suchst, wirst du sehen, dass es viele Bücher oder Kartensets gibt, die für Kitapersonal oder andere Fachpersonen gedacht sind. Es gehört zum Bildungsbereich von Betreuungseinrichtungen, dass Kinder dort in dieser Hinsicht geschult werden. Das ist ganz wunderbar und viele Kinder, denen zu Hause entsprechende Begleitung und sinnvolle Impulse fehlen, sind darauf angewiesen.

Die Wahrnehmungsförderung zu Hause

Wenn in den Einrichtungen so viel für die Wahrnehmung getan wird, warum ist es dann sinnvoll, auch zu Hause spielerisch daran zu arbeiten? Das hat mehrere Gründe.

Das Thema: Das bisher zu erwerbende Material für Fachpersonen klammert gerade die Innenwahrnehmung oft aus, die ich als sehr wichtig empfinde: Was ist denn zum Beispiel mit dem Sättigungs- oder Müdigkeitsgefühl? Kinder, die sich hier gut wahrnehmen können, bedeuten für uns Eltern tatsächlich eine große Erleichterung. Eigen- und Innen- sowie alles weitere an Wahrnehmung sind relevant für das Miteinander und besonders auch für das Erleben der Welt, der anderen, der eigenen Person und der eigenen Emotionen.

Die Beziehung: Lernen ist immer am sinnvollsten in einer guten Beziehung. Das würde für einen Therapeuten oder eine Therapeutin gelten und gilt natürlich auch für Kitapersonal oder Tageseltern und später für Lehrkräfte: Ist die Beziehungsebene gut, kann ein Kind lernen. Gibt es da Probleme, ist auch das Lernen – von welchen Inhalten auch immer – erschwert. Das heißt, in einer guten Eltern-Kind-Beziehung, in der wir Eltern die liebsten Bezugspersonen des Kindes sind, kann es viele Dinge auch am besten lernen. Es fühlt sich sicher. Vor allem, wenn du ihm zugewandt und stärkend begegnest – nicht schimpfend, beschuldigend und von oben herab. Benötigt dein

Kind besondere Stärkung eines bestimmten Bereiches, kannst du daheim natürlich auch viel individueller darauf eingehen.

Werden Kinder zu Hause oder in Betreuungseinrichtungen wegen einer anderen Wahrnehmungsart oder noch bestehenden Wahrnehmungsunsicherheiten ständig gemaßregelt und erleben dauernd Missverständnisse, wird es haarig im Miteinander, in der Entwicklung und oft auch später in der Schule. Ein bloßes *„Jetzt stell dich nicht so an!"* oder gar Strafen nach dem Motto *„Mach diese Extraarbeit!"* oder im Extremfall *„Bleib mal eine Woche dem Kindergarten/dem Unterricht fern!"* ändern nichts. Das Lernen mit dir geht – wie jedes Lernen – am besten möglichst in guter Beziehung und mit deiner Bestätigung. Auch deshalb sind Meckern und Maßregeln fehl am Platz.

> Kein Kind sucht Grenzen. Nicht seine, nicht fremde.
> Das so aktiv und bewusst zu beschreiben, ist unsinnig.
> Kinder wollen lernen. Punkt. Wenn wir es so positiv fassen,
> ist es viel leichter zu begleiten und zu umrahmen.
>
> @HummelFamilie auf Twitter

Stell es dir vor wie das Erlernen einer Fremdsprache: Man muss sie schreiben und sprechen, Vokabeln wiederholen. Die Wahrnehmung und die Verarbeitung der wahrgenommenen Informationen verändern sich durch Übung, durch Wiederholen und durch echtes Erleben. Das kannst du deinem Kind ermöglichen.

Deine Rolle ist es, dein Kind wirklich kennenzulernen und seine bestärkende Begleitung zu sein. **„So wenig wie möglich, so viel wie nötig!" ist der Grundsatz der Ergotherapie. Und das Motto ist ein wunderbarer Weg, um dein Kind aktiv zu machen.** Begleitest du es im Alltag so unterstützend, wirst du es wahrscheinlich nicht überfordern, und manches zwischen euch kann leichter werden. Denn wenn ein Kind sich und sein Umfeld gut wahrnimmt, gerät es wahrscheinlich weniger in Konflikte. So wird es diese Welt schon in den Jahren vor der Einschulung möglichst sicher erkunden können, wenn die soziale und emotionale Entwicklung in großen Schritten vorangeht. Damit kann dann auch die Schulzeit besser gelingen.

Die Umgebung: Eine gewohnte, sichere Umgebung ist ebenfalls hilfreich dafür, dass Lernen Spaß machen und sinnvoll vonstattengehen kann. Natürlich sollte eine Betreuungseinrichtung das leisten, aber das Zuhause ja noch viel mehr.

Die Wiederholung: Du kennst das doch selbst: Wenn du etwas lernen möchtest, musst du es immer wieder probieren, am besten nicht nur in der Theorie, sondern ganz praktisch erfahren. Genauso geht es deinem Kind auch. Tagtägliche Erlebnisse und viele Wiederholungen tragen enorm viel zur Entwicklung bei. Das könnt ihr im Alltag hinbekommen.

Ich möchte dich aber auch noch einmal erinnern: Bei allen wahrnehmungsstärkenden Aktivitäten soll es allen Beteiligten gut gehen, auch dir. Wenn du großen Stress mit manchen Spielideen hast, dann such dir andere aus. Das ist gut genug.

Die Dosierung: Du kannst versuchen darauf zu achten, dass dein Kind immer wieder in den Bereichen lernen darf, die ihm noch schwerfallen, und dass im Alltag nicht dauernd noch andere dazukommen. Würdet ihr beispielsweise auf dem täglichen Weg im Bus Spiele rund um das Sehen spielen, kämen noch die Bewegungen des Fahrzeugs, Geräusche der Umgebung und vielleicht weitere Reize hinzu. Du kannst dafür sorgen, solche Sehspiele in einer Umgebung anzubieten, in der sich dein Kind nur darauf konzentrieren kann.

Die besten Startbedingungen für dein Kind

Je besser du über Wahrnehmung Bescheid weißt, desto feinfühliger kannst du dein Kind begleiten. Und je besser dein Kind hier aufgestellt ist, desto besser kann es sich entwickeln. Das wird ihm und eurer Beziehung richtig guttun. Alles ist miteinander verzahnt.

Du lernst dein Kind in neuen Facetten noch besser kennen und findest gute Spiel- und Beschäftigungsmöglichkeiten, die Spaß machen und hier und da auf jeden Fall die Wahrnehmung stärken. Du wirst nach und nach beim Lesen merken, dass vieles einfach in euren Alltag passt. Dein Kind sollte vieles probieren und ganz normale Aufgaben erledigen dürfen. So kann sich seine Wahrnehmung durch Erfahrungen gut ausbilden. Etliche Ideen sind dazu schöne Anregungen für gemeinsame Spielzeit. Gute Momente. Ihr übt ja auch selbständiges Schlafen oder Essen, du begleitest beim Trockenwerden und dem Einsortieren von Gefühlen. Lasst euch also gemeinsam auf den Blick hinter die Kulissen der Wahrnehmung ein, habt Freude am Rückwärtslaufen, an Seifenblasen und beim Keksteigkneten.

Die heutige Zeit macht es nicht gerade leicht, wahrnehmungsstark zu leben. Oft sind Reize und Informationen in viel zu großer Menge vorhanden. Oder euer Alltag erschwert es, sich mit Wahrnehmung ausreichend intensiv zu beschäftigen. Habt ihr genug Zeit? Genügend Gelegenheiten? Falls nicht, musst du gar nicht viel verändern, aber ein bisschen.

Damit gibst du deinem Kind beste Startbedingungen mit, um dank feiner Sinne und dank eines sicheren Blickes auf sich selbst wahrnehmungsstark und fit zu werden:

1. Dein Kind lernt leichter, egal um was es geht: klettern, handwerken, Streitigkeiten lösen, lesen... – Du machst es **lernfit**.
2. Dein Kind kann wahrscheinlich besser Freundschaften schließen und Kontakte knüpfen. – Du machst es **beziehungsfit**.
3. Dein Kind kommt vermutlich in Gruppen besser klar. – Du machst es **gruppenfit**.
4. Dein Kind kann Belastungen oftmals besser aushalten und Herausforderungen meistern. Es bekommt Bewältigungskraft. – Du machst es **krisenfit**.
5. Dein Kind kann wahrscheinlich leichter in eine Klassengemeinschaft finden und schulische Anforderungen meistern. – Du machst es **schulfit**.
6. Dein Kind hat die besten Grundlagen, um alle Entwicklungsschritte gut zu schaffen, die es bewältigen muss. – Du machst es **lebensfit**.

Ohne eine gut ausgebildete Wahrnehmung fehlt einem Menschen ein elementarer Bereich, um sein Leben gut und sinnvoll bewältigen zu können. Denn wie jemand eine Situation wahrnimmt, beeinflusst sein Fühlen, sein Handeln, sein Lernen, sein Durchhaltevermögen, seine Kommunikation und seine Beziehungen, oft sogar seine Motorik. **Vielleicht vermeidet dein Kind** viele Bereiche, was im Grunde ein cleverer Selbstschutz ist. Aber für seine Entwicklung ist das natürlich nicht sinnvoll. Es kommt zu Missverständnissen, anstrengenden Interaktionen und Stress in Familie und Freundeskreis oder der Kita. Und ständige Auseinandersetzungen oder Misserfolge machen etwas mit dem Selbstbewusstsein deines Kindes: Es wird geschwächt. Das heißt, die Tage sind anstrengend und innendrin sieht es in Sachen Selbstsicherheit und Weltvertrauen möglicherweise nicht so gut aus.

ELTERN SOLLTEN SICH MIT WAHRNEHMUNG GUT AUSKENNEN

Interview mit Ergotherapeutin Miriam Engelskirchen

Miriam Engelskirchen ist zweifache Mutter, Ergotherapeutin und familylab-Familienberaterin. Auch sie hat mir für dieses Buch einige Fragen beantwortet.

Warum ist es so wichtig, dass auch Eltern sich mit Wahrnehmung befassen?

Schwierigkeiten bei der Verarbeitung von wahrgenommenen Reizen haben Auswirkungen auf uns Menschen und natürlich auch auf das Empfinden und Verhalten der Kleinsten. Nur dass sie es häufig noch nicht in Worte fassen können. Ein Baby, das beispielsweise beim Baden aus Leibeskräften brüllt, könnte Schwierigkeiten mit dem Gleichgewichtssinn haben, schwerkraftunsicher sein und die Informationen zur Lage des eigenen Körpers nicht ausreichend gut verarbeiten können. Vielleicht findet genau dieses Baby dann auch überhaupt keinen Gefallen an Hoppe-Reiter-Spielen, bei denen der Gleichgewichtssinn stark angesprochen wird.

Eltern dürfen sich eingeladen fühlen, wie Detektiv*innen hinter das Verhalten zu schauen, denn die Vielfalt von Symptomen macht rasche Aussagen über die zugrundeliegende Ursache schwierig. Mehr Wissen kann zu viel mehr Verständnis für die Kinder führen und neue Lösungen und Ideen für den Alltag ermöglichen.

Die vielschichtigen Schritte der Wahrnehmung

Auch deinem Kind und seiner Entwicklung tut es gut, wenn bestimmte Voraussetzungen erfüllt sind, die du im Kapitel „Warum habt ihr ständig Stress?“ kennengelernt hast:

- Es wächst bindungssicher bei dir auf.
- Es kennt seine Gefühle gut und darf sie zeigen.
- Es ist gesund oder hat entsprechende Hilfsmittel wie eine Brille oder ein Hörgerät.
- Es kommt mit seiner Wesensart wie zum Beispiel Schüchtern- oder Wildheit ganz gut zurecht oder lernt mit deiner guten Begleitung, wie das geht.
- Es wird von dir und anderen ausreichend gut unterstützt, um viele Erfahrungen zu machen.
- Seine Wahrnehmung verläuft ausreichend gut und sinnvoll.

Ausreichend gut? Sinnvoll? Was bedeutet diese letzte Voraussetzung genau?

Wahrnehmung ist ein Prozess. Vom wahrgenommenen Reiz bis zur Handlung muss jeder Mensch mehrere Puzzlestücke zusammenstecken. Ich zeige dir den Ablauf in diesem Kapitel auf ganz vereinfachte Weise. Mit diesem Wissen kannst du dann dein Kind neu entdecken.

Läuft die Wahrnehmung sinnvoll ab, steht am Ende eine sinnvolle Handlung. Hierzu gebe ich dir ein Bild mit: Wahrnehmung kannst du dir vorstellen wie eine Besteckschublade. Ist sie gut eingeräumt, findest du am Ende mit einem Griff genau das Obstmesser, das du brauchst. Denn die Schublade hat klar eingeteilte Fächer, in die Messer, Löffel und Gabeln gut einsortiert wurden.

Ist die Verwendung der Besteckschublade an irgendeiner Stelle gestört, wird es schwierig, mit einem Griff das Obstmesser zu finden:

Vielleicht hast du nur Gabeln, die du einräumen kannst? Oder die Schublade hat gar keine Fächer, in die sortiert werden kann? Oder wirfst du nur alles hinein, ohne zu sortieren, auch wenn du die Möglichkeit hättest?

Genauso wie die Besteckschublade sind auch die Baupläne eines jeden Menschen verschieden. Der eine ist funktionstüchtig, der andere nicht. Denn manches kommt gar nicht erst innen an und dort wird vieles anders sortiert oder verarbeitet. Nutze diesen Vergleich gerne auch, wenn du mit deinem Kind oder anderen über Wahrnehmung sprichst.

Damit die Wahrnehmungsart deines Kindes ihm sinnvolle Ergebnisse liefern kann, müssen die Abläufe möglichst störungsfrei sein – wie beim Einräumen der Schublade. Zum Beispiel könnte es so ablaufen:

Sein Auge hat Sehfähigkeit.	Du hast eine große Auswahl an verschiedenen Bestecken.
↓	↓
Sein Körper kann die angekommenen visuellen Reize ins Gehirn schicken.	Du kannst die Bestecke ordentlich unterscheiden und sortieren.
↓	↓
Sein Hirn kann sie verarbeiten.	Die Schublade hat verschiedene Fächer dafür.
↓	↓
Dein Kind weiß dann, was vor ihm zu sehen ist.	Du kannst mit einem Blick erkennen, wo die Obstmesser liegen.
↓	↓
Und es reagiert schließlich passend.	Du kannst dann dein Obst mit dem richtigen Besteck gut schneiden.

Das ist jeweils ein komplexer Ablauf aus vielen einzelnen Schritten. Zur kompletten Wahrnehmung gehören die Sinnesorgane (wie Auge) und Sinne (wie Sehfähigkeit) sowie ein gut aufgestellter Verarbeitungsapparat. Alles greift ineinander.

Die Sinne deines Kindes

Nun lernst du die „Werkzeuge" kennen, die dein Kind zum Wahrnehmen nutzt. Sie befüllen dein Kind mit Reizen und Informationen – wie du die Besteckschublade mit Gabeln, Messern und Löffeln. Damit geht dein Blick nun noch ein bisschen mehr ins Detail, damit du dein Kind wirklich gut sehen kannst. Was nimmt es wahr und wie gut?

Schon im Mutterleib startet die Reifung der Sinne. Ein Baby im Bauch beginnt unter anderem bereits damit, zu hören und zu sehen. Doch alles geschieht noch getrennt voneinander. Gerade im ersten Lebensjahr werden diese Bereiche dann schnell miteinander verknüpft und das wird mit der Zeit immer besser: Zum Beispiel kann ein einjähriges Kind Eindrücke, die es beim Sehen und beim Hören bekommt, zusammenbringen. So kann es vielleicht ein herannahendes Spielzeugauto mit Sirene rechtzeitig schnappen. Mit der hinzukommenden geistigen Reifung kann ein Kind immer sinnvoller verstehen und sein Handeln entsprechend anpassen: Ein dreijähriges Kind weiß dann schon, dass die Blinklämpchen auf dem Dach des Spielzeugautos kaputt gehen, wenn es zu fest zugreift.

Du siehst, dass ganz schön vieles klug ineinandergreifen muss, damit Wahrnehmung sinnvoll abläuft. Daneben kommt es noch auf den Verarbeitungsapparat an, den du im Kapitel „Der Bauplan für die Wahrnehmung" kennenlernen wirst. Es gibt auch weitaus mehr als die klassischen fünf Sinne, die dir wahrscheinlich spontan einfallen.

Das zeige ich dir noch. Und alle Sinne funktionieren unterschiedlich gut: Manchmal sind sie in die ein oder andere Richtung nicht ganz so sinnvoll oder lebenspraktisch justiert. Wie die Sensoren technischer Geräte können sie zu sensibel oder zu grob eingestellt sein. Bei Menschen gibt es erst recht keine geeichten Maße. Denk an das Schubladenbeispiel: Werden die Bestecke sorgfältig nach und nach einsortiert oder hineingekippt?

Unterschiede von Kind zu Kind fallen oft früh auf. Manche werden einfach akzeptiert: Ein Kind hat ein etwas empfindlicheres Gehör als das andere – okay. Ein anderes ist recht forsch und neugierig im Vergleich mit einem Gleichaltrigen – prima. Aber manche Unterschiede werden auch rasch als dramatisch, besonders und defizitär betrachtet: *„Es reagiert so ungewöhnlich spät, wenn ihm etwas hingehalten wird.“* oder *„Er ist immer so aggressiv, wenn es laut ist.“* oder aber *„Sie ist dauernd so überreizt, sobald mehrere Menschen da sind.“* Das Kind ist nicht okay?!

Solch eine Bewertung solltest du immer hinterfragen:

- Ist die Bewertung am Kind orientiert: Leidet es? Kann es sich nicht gut entwickeln? Liegt wirklich ein Problem vor?
- Oder folgt sie gesellschaftlichen Gepflogenheiten, die vielleicht fragwürdig sind: Ist die Begleitung des Verhaltens lästig? Fällt das Kind auf durch seine Andersartigkeit und ist mir das irgendwie peinlich?

Vieles muss dann nämlich nicht dramatisiert werden.

Lesetipp: Die Pädagogin und Autorin Susanne Mierau legt den Finger in die Wunde, wenn sie in ihrem Buch „Frei und unverbogen“, Beltz (2021), von der Gesellschaft fordert, dass wir unbedingt zuerst unpassende Rahmenbedingungen verändern sollten, bevor wir an unseren Kindern herumdoktern.

Und zu diesen Bedingungen gehört, dass du dir bewusst machst, ob deine Bewertung unfair ist: „*Das ist nicht normal!*“ Wirklich nicht? Warum nicht? Deine Sicht auf die bunten Varianten von Wesenszügen und Wahrnehmungsarten muss vielleicht offener werden.

Aber manches darfst und musst du fördern und stärken, weil es deinem Kind dadurch besser geht. Und das geht, ohne es zu verbiegen. Beispielsweise musst du aus einem unsportlichen Kind keine*n Marathonläufer*in machen. Aber es soll natürlich lernen, vernünftig zu gehen.

Die Sinne nach außen

Die üblicherweise genannten fünf Sinne Hören, Sehen, Schmecken, Riechen und Fühlen befassen sich mit der Wahrnehmung der Welt außen. Sie sind keine für sich stehenden, gleichrangigen Bereiche, sondern einerseits verknüpft und andererseits unterschiedlich wichtig. Außerdem unterscheiden sie sich darin, wie viel Denkvermögen notwendig ist, um die jeweiligen Sinneseindrücke zu bewerten.

Riechen und Schmecken
Riechen und Schmecken sind beispielsweise eng miteinander verbunden. Jede*r, der oder die mal mit dickem Schnupfen sein Lieblingsessen genießen wollte, weiß das, denn mit dichter Nase schmeckt man nicht viel.

Hören und Sehen
Im Vergleich zum Hören und Sehen sind Riechen und Schmecken unwichtiger. Das wird dir klar, wenn du dir vorstellst, du musst einen Weg durch eine fremde Stadt finden: Ohne Gehör oder Augenlicht ist das quasi unmöglich, ohne das Aufnehmen von Gerüchen aber kein Problem.

Unterschiedlich ist auch die geistige Beteiligung bei diesen Sinnen. Gesehenes und Gehörtes musst du stark interpretieren und brauchst viel Erfahrung dafür. Ein Geschmack ist dagegen sofort recht eindeutig: zum Beispiel lecker oder eklig, genießbar oder gar gefährlich.

Fühlen

Fühlen sticht zwischen den Sinnen heraus, denn damit kann so vieles gemeint sein. Blickst du nur auf die Haut als Fühlorgan, ist die Wahrnehmung hier schon eine doppelte: Du kannst beispielsweise mit den Fingerspitzen eine Oberfläche aktiv befühlen oder aber passiv spüren, was mit deiner Haut gemacht wird, wenn dich jemand streichelt, massiert, dir Schmerzen zufügt oder aber sie besonderen Temperaturen ausgesetzt ist.

Das Fühlen zeigt dir auch, welche Ausmaße dein Körper hat beziehungsweise, wo er endet und die Welt beginnt. Es kann dir dabei sachliche Informationen über die Welt liefern *(„Das ist rau und das ist glatt.")*, aber auch ganz persönliche Emotionen wie Freude oder Ekel auslösen.

Die Sinne nach innen

Neben diesen fünf nach außen gerichteten Sinnen, die jedem sofort einfallen, gibt es weitere, die dir sicher nicht alle bewusst sind. Denn auch innen in jedem Menschen passiert ganz viel, spürt er etwas, das in die Bewertung einer Situation einfließt. Wenn dein Kind zum Beispiel im Wohnzimmer auf einem kippeligen Hocker sitzt, reicht es dann, dass es sieht, hört, schmeckt, riecht und mit seiner Haut fühlt, um einzuschätzen, ob die Position ungefährlich ist? Nein, in solch einem und vielen weiteren Momenten können wir froh sein, dass da noch einige weitere Sinne aktiv sind, die zusammengefasst als *Interozeption*, also als Innenwahrnehmung oder auch Körpereigenwahrnehmung, bezeichnet werden. Die Reizaufnehmer dafür sitzen zum Beispiel in den Muskeln, im Innenohr oder den inneren Organen und nehmen Tasterlebnisse, Druck, Anspannung oder auch Schmerz wahr.

Zur Innenwahrnehmung gehören:

Das Gleichgewicht
Ob dein Kind im Gleichgewicht ist, spürt es dank seines Gleichgewichtsorgans im Innenohr. Merkt es dort ein Ungleichgewicht, reagiert sein Körper mit Schwindel oder Übelkeit. Oder sein Gehirn gibt ab dem Kleinkindalter den Anstoß, die Arme zum Austarieren auszubreiten. So kontrolliert es die eigenen Bewegungen.

Der Gleichgewichtssinn hilft deinem Kind außerdem dabei, zu erkennen, ob es sich dreht oder sich auf und ab bewegt und in welcher Position es sich befindet (zum Beispiel kopfüber oder waagerecht liegend).

Die Stellung der Körperglieder und die Körperspannung
Wo dein Kind sich befindet, wie seine Haltung ist und wie seine Bewegungen ablaufen, spürt es noch durch weitere Reizaufnehmer, die *Propriozeptoren*. Wie wichtig diese sind, wird zum Beispiel beim Sport deutlich, wo Bewegungsablauf und -timing sehr präzise sein müssen. Aber ohne, dass es wirklich auffällt, ist dieser Sinn für viel mehr im Alltag relevant, beispielsweise bei Küchenarbeiten, beim Handwerken oder Basteln.

Hinzu kommt dann noch der Bereich Muskelspannung: Welcher Kraftaufwand ist notwendig? Wie intensiv muss die Anspannung der Waden sein, wenn ich auf Zehenspitzen stehen will? Wie kräftig muss ich einen Eimer anheben, von dem ich vermute, dass er schwer ist? Wie stark muss ich meine Hände bewegen, damit ich den Ball zurückstoßen kann? Wie fest malme ich mit meinen Kiefern, um die harten Nüsse zu zerkauen, aber ohne mir in die Wange zu beißen? Und: Wann muss ich schlucken, damit mir meine Spucke nicht aus dem Mund läuft?

Darüber denkt dein Kind genauso wenig aktiv nach wie du. Die Sinne und ein sinnvoller Wahrnehmungsablauf reichen normalerweise aus, damit das gut läuft.

Die Organtätigkeit

Bei der *Viszerozeption* geht es um körperliche Grundempfindungen der Organe wie Atmung, Müdigkeit, Hunger oder Blasendruck. Unterschiede in der Wahrnehmung gibt es hier oft und das ist gerade mit Kindern oft stressig: Wann sollte ich mich schlafen legen? Wann bin ich satt? Wann ist es dringend Zeit für einen Toilettengang? Wenn dein Kind das nicht so sinnvoll wahrnehmen kann, obwohl viele Gleichaltrige es schon können, kann das für viel Druck zwischen euch sorgen.

Die Wucht der inneren Reize

Vieles in diesem Wahrnehmungsbereich geschieht völlig unbewusst, anderes bewusst. Unbewusst erfolgt beispielsweise das Atmen: Der Körper spürt, wann es wieder Zeit für einen Atemzug ist. Aber natürlich kannst du auch bewusst Luft holen oder einhalten. Bewusstes Wahrnehmen geht ebenso in anderen Bereichen: Du kannst dich bewusst nur auf Geräusche konzentrieren, bei der Gymnastik bewusst Stück für Stück deine Muskeln lockerlassen oder in deiner Umgebung bewusst nur Dinge in der Farbe Rot suchen.

Nicht immer lässt sich von außen klar erkennen, ob Reize bewusst oder unbewusst gesucht oder auch ausgeblendet werden. Ein typisches Beispiel ist an dieser Stelle das Zuhören von Kindern: *„Ich höre den Fernseher, aber nicht was Papa von mir möchte!“* Das kann sehr bewusst so entschieden werden (und ist dann immer noch nicht boshaft!). Aber es kann auch einen anderen Grund haben, nämlich dass ein Kind Reize gut auswählen kann und tatsächlich ohne bewusste Entscheidung einfach ausschließlich dem stärksten Reiz aus dem Fernseher zuhört.

Hierbei ist es ganz wichtig zu wissen, dass Reize aus dem Körperinneren so elementar und intensiv sein können, dass sie leicht anderes überlagern. Ist dein Kind unterzuckert oder drückt es ein voller Darm, kann es meist nicht klar zuordnen, was eigentlich los ist. Diese Empfindungen sind unter Umständen extrem stark und andere Reize haben dann keine Chance, sinnvoll aufgenommen zu werden. Das herannahende Auto, das weinende Geschwisterkind, die wütende Bezugsperson – nichts davon kann sich durchsetzen. Von außen siehst du dann ein egoistisches, unempathisches Kind – innen ist aber etwas ganz anderes los und niemand hat Schuld.

Die Superkraft der (Innen-)Wahrnehmung

Wir haben also mehr als nur fünf Sinne. Und alle arbeiten zusammen. Ein gutes Beispiel ist ein Besuch im Rund- oder 3D-Kino: Das, was die Augen dort aufnehmen, verursacht vielleicht Schwindel oder Gänsehaut bei Höhenangst. Deine gut funktionierende Innenwahrnehmung spürt aber, dass du auf einem sicheren Boden stehst. Und deine Erfahrung trägt am Ende mit dazu bei, dass du nicht ängstlich aus dem Raum kriechst.

Die Außenwahrnehmung, zum Beispiel durch Sehen und Hören, findet im Kinderalltag zu Hause und in Kita & Co. oft schon einen guten Platz. Auch kinderärztlich wird hier vieles abgecheckt. Gerade die Eigen- und Innenwahrnehmung sind aber auch wichtig und bekommen noch nicht immer ausreichend Raum: Wie nehme ich mich wahr und höre in mich hinein? Wer bin ich? Was spüre ich in mir? Was brauche ich? Was braucht mein Körper? Wie nehme ich die Welt wahr? Wie bin ich mit anderen? Das und mehr ist Körpereigenwahrnehmung beziehungsweise Innenwahrnehmung. Ich verwende den zweiten Begriff, um die Unterscheidung deutlich zu machen, ob Informationen von außen oder innen kommen.

Die (Innen-)Wahrnehmung bestimmt das Verhalten und unsere Beziehungen mit. Nimmt ein Kind zum Beispiel sehr sensibel wahr, reagiert es vermutlich auch häufig eher etwas auffallend. Aussagen wie *„Das Kind zeigt sich zu empfindlich! Zu ungeschickt! Zu anders!“* können als Kritik von außen an dich oder dein Kind herangetragen werden, aber auch dein eigener Blickwinkel sein. Hast du das schon zu hören bekommen oder selbst gedacht? Im Grunde wird damit nicht nur das Verhalten kritisiert, sondern auch die angeborene (Innen-)Wahrnehmungsart. Warum eigentlich? Ist das fair? Nein, im Grunde nicht!

Dem kannst du etwas entgegensetzen:

- Verstehst du die Wahrnehmungsart deines Kindes, kannst du sie anderen erklären und der Kritik Wind aus den Segeln nehmen.
- Stärkst du die Wahrnehmung deines Kindes, wird sein Verhalten wahrscheinlich an vielen Stellen etwas weniger herausfordernd werden.

Mithilfe dieses Buches kannst du dein Kind dabei unterstützen, alle Reize – auch die von innen – sinnvoll aufzunehmen, zu verarbeiten und zu bewerten, so dass es sich selbst und die Welt wahrnehmungsstark erobern kann.

Ohne die Reize von innen wären wir nicht überlebensfähig. Aber ihnen wird im Allgemeinen wenig Aufmerksamkeit geschenkt. Das liegt zum einen daran, dass dieser Wahrnehmungsbereich so selbstständig und ohne unser Zutun abläuft. Darum nehmen wir ihn als selbstverständlich hin *(„Jeder Mensch weiß doch, wann er Hunger hat oder wie man sich hinsetzt – oder nicht?!“)*. Und zum anderen liegt es sicher auch daran, dass eine Besonderheit in diesem Wahrnehmungsbereich für andere nicht so leicht festzustellen ist wie beispielsweise beim Sehen oder Hören. Landläufig geht einfach niemand davon aus, dass Herausforderungen im Umgang mit einem Kind und Besonderheiten in seinem Verhalten mit einer besonderen Art der Innenwahrnehmung zu tun haben können. *„Sie ist ständig so wild. Vielleicht kommt das, weil sie nicht gut spürt, wann sie müde wird.“* hörst du sicher eher selten. Im Kapitel „Deine faire Bewertung“ wirst du noch gut sehen, wie die Innenwahrnehmung beispielsweise hinsichtlich Müdigkeit oder Bewegungskontrolle sehr wohl in vielen Alltagsmomenten bestimmend sein kann.

Wissen zu Somatik, also zu dem, was im Körper passiert, ist wichtig, um deinem Kind einfühlsam begegnen zu können. Dir ist schon klar, dass es nicht so leistungsfähig ist wie sonst, wenn es Kopfweh hat oder wenn es über Bauchschmerzen klagt, die eventuell nichts mit der Verdauung zu tun haben, sondern mit einer Angst. Doch da ist noch viel mehr: Vielleicht ist es im Verhalten eben auch nicht vergleichbar mit gleichaltrigen Freund*innen, weil es nicht nur phasenweise, sondern immerzu eine andersartige Innenwahrnehmung hat, seinen Körper nicht stimmig spürt, Entspannung nicht rechtzeitig suchen kann oder Ähnliches.

Darum ist es so relevant, dass auch du um diesen Bereich weißt. Egal, wie dein Kind wahrnimmt und ob es zum Beispiel unter- oder überempfindlich ist: Wenn seine Reizaufnahme und -verarbeitung gefördert werden, ist es mehr bei sich und dadurch sicherer in seiner Welt. Besonders wenn es wahrnehmungsstark und -sicher ist in Bezug auf alle Signale, die aus seinem Körperinneren kommen, steht dein Kind auf einem wirklich guten Fundament. So kann es dann auch die Signale von außen sinnvoll nutzen und mit seinen Mitmenschen gut zurechtkommen.

WAHRENEHMUNGSSTARKE KINDER KENNEN SICH SELBST

Stell dir vor, du wanderst im Gebirge einfach los, ohne dir Gedanken zu machen. Am Ende hast du vielleicht Blasen vom falschen Schuhwerk, bist total ausgehungert, weil du nur einen Schokoriegel dabeihattest, und frierst fürchterlich in der dünnen Jacke. Die tolle Aussicht konntest du nicht genießen und deine Mitwandernden sind wahrscheinlich genervt. Wenn du dich aber selbst gut kennst, wirst du in deinen bequemsten Turnschuhen laufen, auch wenn andere zu den ledernen Wanderstiefeln raten. Du wirst dir viele leichte Snacks einpacken, weil du weißt, dass es dir am besten geht, wenn du bei Anstrengung kontinuierlich etwas Kleines essen kannst. Und solltest du schnell frieren, wirst du eher einen Pullover zu viel um die Hüfte binden. Dann geht es dir gut, deine Bedürfnisse sind erfüllt, du hast Augen für den See am Gipfel und eine gute Zeit mit anderen. – *„Ich weiß, was ich fühle. Ich weiß, was ich brauche."*

Wie wichtig die Innenwahrnehmung für die Entwicklung deines Kindes ist, zeigt auch der **Umgang mit Gefühlen:** Wenn dein Kind nach und nach richtig gut wahrnehmen kann, dass beispielsweise angespannte Muskeln, gestresste Nerven und ein schmerzender Bauch

Wut oder vielleicht Angst bedeuten, ist das ein absoluter Gewinn. Denn so kann es eine Pause einlegen: sich wahrnehmen, körperliche Reaktionen erkennen, sich Gefühle klarmachen und mit ihnen umgehen, anstatt von ihnen übermannt zu werden. Das ist ein Reifezeichen und braucht viel Zeit.

Gerade ein fehlender Zugang zur eigenen Gefühlswelt ist ein immenses Problem für Erwachsene. Zur Bedeutung der Insula, die im Gehirn für die Verarbeitung der Innenreize zuständig ist, wird deshalb viel geforscht. Die Wissenschaft ist der Antwort zur Frage auf der Spur, welche Bedeutung und welchen Anteil eine mangelhafte Innenwahrnehmung für die Wahrscheinlichkeit der Entstehung einer psychischen Problematik (zum Beispiel bis hin zu Depressionen) haben kann. Mich selbst zu spüren – den erhöhten Puls, die kalten Hände, das extreme Schwitzen, den Kloß im Hals – ist eine wichtige Voraussetzung für ein gesundes emotionales Empfinden. *„Ich kann meine Wut rechtzeitig merken.“*, *„Ich erkenne, dass ich traurig bin und mir Hilfe suchen sollte.“*, *„Mein Körper zeigt Stresssymptome, ich sollte etwas verändern.“* All diese Wahrnehmungen stärken ein Kind und seine Bewältigungskraft fürs ganze Leben. Das ist eine normale Entwicklungsaufgabe. Erwachsene sollten hier fit, also wahrnehmungsstark sein. Darum sollte die Innenwahrnehmung in der Kindheit gefördert werden.

WAHRNEHMUNGSSTARKE KINDER KENNEN IHRE EMOTIONEN

Ankommende Reize lassen immer Gefühle entstehen. Eine Verbindung wie *„Reiz X macht mir Gefühl Z“* ist langfristig angelegt: *„Ein lautes Signal und damit Ohrenpiepen macht mich nervös“*, *„Hundegebell macht mir Gänsehaut und das bedeutet Angst“* oder *„Starke Gewürzgerüche machen meine Nase kitzelig und mich neugierig.“*

Aber bei einem bewussten Umgang kann man das umlernen, wenn diese Kopplung stört. Verbindet dein Kind beispielsweise mit Bauchweh und Schwitzen in der Regel Angst und Leiden, kannst du mit ihm darüber sprechen, dass auf Bauchschmerzen, Schwitzen und Angst auch Enthusiasmus und Aktivität folgen können: *„Mein Körper sagt mir etwas. Das muss ich angehen, nicht aushalten."*

Selbstsicherheit dank gut geförderter (Innen-)Wahrnehmung hilft deinem Kind jeden Tag. In der Regel kann ein Kind dann auch besser mit einer eher fordernden Wesensart wie Gefühlsstärke oder Schüchternheit zurechtkommen. Das verringert sogar die Wahrscheinlichkeit, Ängste, Depressionen, bestimmte Störungen oder eine pessimistische Lebenseinstellung zu entwickeln.

Den Weg dahin fasse ich gerne mit den Sätzen *„Ich weiß, was ich fühle. Ich weiß, was ich brauche. Ich fühl mich gut, wenn du mir hilfst."* zusammen. Sie haben verschiedene Bedeutungsebenen:

Ich weiß, was ich **fühle**.
Ich weiß, was ich brauche.
Ich fühl mich gut, wenn
du mir hilfst.

=

Mir geht es gut.

Das wünschst du dir sicherlich für dein Kind. Und es hängt von vielem ab: Gesundheit und Bindungssicherheit sind ebenso Faktoren wie ein gutes Beziehungsnetz oder auch ein gewisser Wohlstand und vieles mehr. *„Ich kenne mich und komme prima mit mir zurecht“* ist aber eben auch ein Faktor dafür, dass es deinem Kind gut geht, dass es sich gut fühlt. Eine der Grundlagen dafür ist eine gute (Innen-) Wahrnehmung.

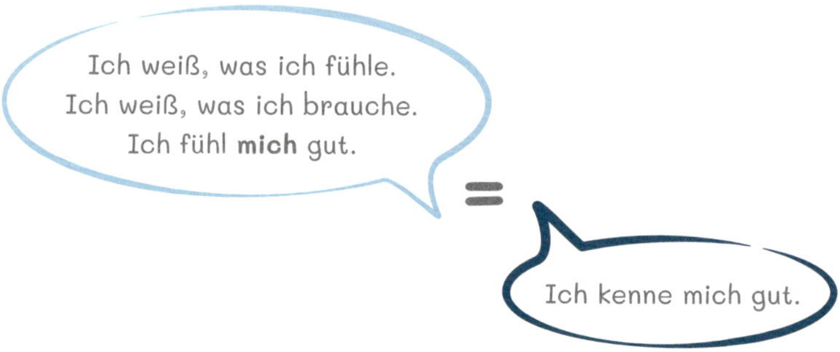

Das bedeutet, dass dein Kind weiß, was es benötigt. Diese Ich-Kompetenz ist die Entwicklungsaufgabe aller kleinen Menschen. Und alle starten unterschiedlich. Das heißt, jedes Kind braucht verschieden viel Unterstützung dabei, eine gute (Innen-)Wahrnehmung auszubilden. Aber wer schließlich Müdigkeit, Hunger, Erschöpfung und mehr gut spürt, kann wahrscheinlich auch Freude, Wut und Trauer sinnvoll einsortieren. Er oder sie kann eher für sich sorgen und leichter mit seinem oder ihrem Umfeld zurechtkommen – wie im obigen Beispiel rund ums Wandern. Wahrnehmungssichere Menschen können Reize gut organisieren und die Welt besser begreifen. Aber sie können vor allem auch die eigenen Bedürfnisse stimmig einschätzen, wenn die Innenwahrnehmung funktioniert: *„Was fühle ich? Wie gehe ich damit um? Was brauche ich jetzt?“*

Ich weiß, was ich fühle.
Ich weiß, was ich brauche.
Ich fühl mich gut, **wenn du mir hilfst**.

=

Mir geht es gut – **dank dir**.

Das legt den Fokus auf die Beziehung: Dein Kind braucht deine Begleitung ins Leben nicht nur beim Essen oder der Körperhygiene, nicht nur beim Kuscheln und Laufenlernen. Es braucht sie auch auf dem Weg dahin, sich und die Welt gut wahrnehmen zu können. Das ist ein Weg, den ihr gemeinsam geht. Wahrnehmungsentwicklung profitiert von einer guten Eltern-Kind-Beziehung.

Empfinden können, erfahren dürfen, kennenlernen, sich selbst und die Welt durchschauen – diesen Weg gehen die Kinder selbst und aus eigenem Antrieb. Aber er ist leichter, wenn sie begleitet werden. Und es ist auch leichter, wenn sie erst sich entdecken durften, bevor die ganze Welt bereist wird.

Der Bauplan für die Wahrnehmung

Die Sinne nach außen und innen machen Wahrnehmung erst möglich. Ohne die Person, die die Bestecke in die Schublade packt und ohne Messer, Gabeln und Löffel bliebe die Schublade leer; ohne die Sinne würde die Wahrnehmungsmaschinerie gar nicht erst anlaufen.

Das Auge muss Sehkraft haben, die Sehnerven müssen leiten können, das Hirn muss verarbeiten können, damit der Sehsinn genaue Ergebnisse liefert und so weiter. Die Sinne bestimmen maßgeblich mit, wie sicher und auch wie genau jemand wahrnimmt. Alle diese Bereiche benötigen Zeit und Gelegenheiten, um sich zu entfalten. Sie müssen trainiert werden. Und ein Problem in nur einem dieser Bereiche kann den kompletten Ablauf beeinträchtigen und stören. Bei der Schublade wäre es zum Beispiel jemand, der nur Löffel einsortiert; bei deinem Kind ist es womöglich ein überempfindlicher Geruchssinn. Da die Sinne die Basis des Ablaufs sind, haben sie als erste starken Einfluss darauf, ob die Handlung am Ende sinnvoll sein kann. Dort können Ungenauigkeiten entstehen, weshalb dann am Ende des Wahrnehmungsablaufs verschiedene Ergebnisse vorliegen. Das kann im Alltag Probleme machen.

Wenn du dich mit der Wahrnehmung deines Kindes befasst, musst du nicht nur um die Sinne wissen, sondern auch um die weiteren Abläufe. Im Bauplan der Wahrnehmung findest du die Bereiche Empfindlichkeit, Verarbeitung und Handeln. Wenn die Wahrnehmung deines Kindes relativ unproblematisch abläuft, kannst du sie dir vereinfacht so vorstellen:

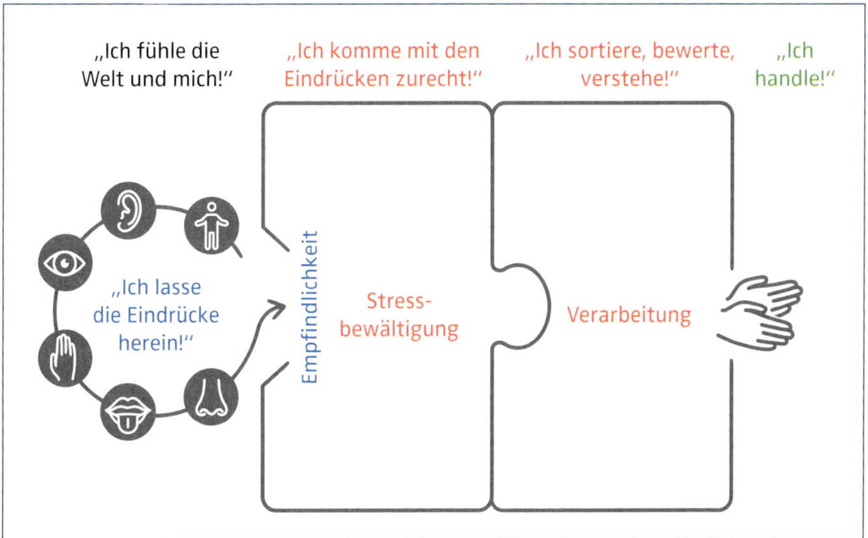

Der Bauplan für gesunde Wahrnehmung im optimalen Fall: Die Sinne(sorgane) sorgen für Reize/Informationen aus der Umwelt (hören, sehen, fühlen, schmecken, riechen) und aus dem eigenen Körper (Innenwahrnehmung). Dein Kind spürt, sortiert, bewertet, verarbeitet und kann am Ende möglichst sinnvoll handeln.

Hier geht es nun um die inneren Puzzlestücke, um den grundsätzlichen Aufbau unseres Wahrnehmungsapparates. Da all dies im Inneren eines Menschen stattfindet, sind schnelle Aussagen schwierig: Bei einem verdrehten Knie oder einem blutenden Finger wäre es so viel leichter, eine klare Einschätzung zu geben. Innen sind es andere Faktoren. Bereiche wie Empfindlichkeit, Verarbeitung (Stressbewältigung und Erfahrung) sowie Handeln kannst du nur anhand von Verhaltensweisen beobachten. Ich fülle die drei Bereiche für dich mit Leben. Im Kapitel „Entdecke dein Kind neu“ findest du einen Fragebogen, mit dessen Hilfe du dein Kind diesbezüglich gut beobachten kannst.

Jetzt schauen wir uns den Prozess des Wahrnehmens mit seinen drei Elementen gemeinsam ganz genau an. Das ist wichtig für dich, damit du später verstehen kannst, in welchen Bereichen genau dein Kind vielleicht anders oder beeinträchtigt wahrnimmt.

Der erste Schritt beim Wahrnehmen

EMPFINDLICHKEIT

Die Reizaufnahme/-empfindlichkeit – Wie gut kommen Reize und Informationen (im Körper und dann im Gehirn) an?	Wird das Besteck Stück für Stück in die Schublade sortiert oder wird alles auf einmal reingeworfen?

Jeder Mensch nutzt Nervenbahnen, Rezeptoren, Hormone und bestimmte Gehirnstrukturen, um Reize zu erfassen. Diese Reize kommen von außen und von innen. Außen kann das zum Beispiel ein Geräusch sein. Innen ist es vielleicht ein Hungergefühl, aber auch Magengrummeln, ein Kloß im Hals, Gänsehaut, Pochen hinter der Stirn oder eine beschleunigte Atmung, nachdem ein äußerer Reiz gestresst hat.

Menschen unterscheiden sich hier zum Beispiel darin, wie gut die Aufnahme verschiedener Reize im Gleichgewicht ist und wie empfindlich die Sinne sind: Ist Sehen zum Beispiel gleichrangig mit dem Hören, oder werden die visuellen Reize viel stärker aufgenommen als andere? Ist das Gehör sehr empfindlich oder kaum? All das miteinander entscheidet, welche Informationen aus der Welt tatsächlich bei einer Person ankommen.

→ Hast du schon erste Gedanken dazu in Bezug auf dein Kind? Was könnte bei ihm auffällig sein: Ist es unaufmerksam oder schnell überfordert? Denke an das Beispiel mit der Besteckschublade: Wie sieht die wohl bei deinem Kind aus? Wird alles reingeworfen? Sind Fächer vorhanden oder nicht? Braucht es Hilfe beim Einsortieren?

→ Denke an das erste Kapitel zurück: Könnte das eventuell auch andere Gründe haben als die Wahrnehmung und die Empfindlichkeit (Entwicklungsstufe, momentaner Stress ...)? Dann lies dort nochmal die Tipps.

Der zweite Schritt beim Wahrnehmen

VERARBEITUNG

Die Regulation bzw. Stressbewältigung – Wie wird mit Stress umgegangen, der dabei entsteht?	Kannst du das Besteck in Ruhe einsortierten oder brauchst du Hilfe, weil dich die scharfen Messer nervös machen?
Die Bewertung und innere Verarbeitung – Wie werden Reize bewertet: Wird die Wichtigkeit richtig eingeschätzt?	Hast du passende Fächer in der Schublade, in die du das Besteck sortieren kannst?
Die Verknüpfung (durch Erfahrungen) bzw. die Sinngebung für die Dinge in der Welt – Wie sinnvoll werden Reize entschlüsselt?	Kennst du Obstmesser und kannst passende dazulegen? Und auch alle anderen Bestecke sinnvoll gruppieren?

Reize kommen an und im Körper sind verschiedene Bereiche dafür zuständig, sie in Empfang zu nehmen und zu verarbeiten. Bei der ersten Verarbeitung spielen verschiedene Körperteile eine Rolle: im Gehirn regelt zum Beispiel die Amygdala die Emotionen und die Insula verarbeitet die Innenwahrnehmung; beteiligt sind außerdem verschiedene Hormone, das Herz und andere Muskeln. Aber es ist wichtig, dass du am Ende dein Kind verstehst, nicht die biologischen Details.

Der Ablauf beim Wahrnehmen kann sehr unterschiedlich ausfallen:

- Wahrgenommenes kann als Einzelding oder in Zusammenhängen gesehen werden – *„Was ist das für ein Stück Pappe?"* oder *„Ach, das Puzzleteil fehlte meiner Schwester doch gestern!"*
- Die Wahrnehmungsgenauigkeit kann hoch oder niedrig sein. – *„Da lagen 12 Puzzleteile!"* oder *„Da war irgendwas!"*
- Das Aufgenommene kann sinnvoll oder weniger sinnvoll entschlüsselt werden. – *„Die Puzzlestücke unterscheiden sich in dieser kleinen Abschrägung."* oder *„Die sind doch alle gleich!"*
- Wichtige Reize können beachtet werden oder nicht. – *„Oh, Puzzlestücke am Boden."* oder *„Ich latsche hier mal durch, da ist doch nichts am Boden."*
- Verschiedene Gefühle können durch die Reize ausgelöst werden: Trauer, Wut, Freude, Aufregung ... Und diese können überfordern und Stress auslösen oder nicht. – *„Ich habe endlich zwei passende Puzzlestücke gefunden. Yeah, ich werfe alle in die Luft!"* oder *„Ich habe endlich zwei passende Puzzlestücke gefunden. Na, dann puzzle ich sie mal zusammen."*

Die Verarbeitung kann wenig sinnvoll sein, wenn ein Gehirn schon von Geburt an nicht so gut analysieren kann. Aber das ist zum Glück selten. Manchmal wird wenig sinnvolle Verarbeitung allerdings auch erlernt. Beispielsweise kann es zu Fehleinschätzungen führen, wenn ein Kind häufig große Angst spürt oder ständig niedergemacht wird. Eventuell fallen nämlich gar keine außergewöhnlichen Dinge vor, aber ein ängstliches oder beschämtes Kind empfindet sie als besonders intensiv und vielleicht auch als negativ. Pessimismus und geringes Selbstwertgefühl kommen bei beschämten Kindern zusammen: *„Ich werde immer wieder abgewiesen und bemängelt!"* kann als Gefühl bleiben, obwohl das gar nicht so ist. Deshalb bewertet dieses Kind Wahrgenommenes aber häufig stark negativ: *„Der Wurf war* *viel zu hart. Er wollte mich sicher verletzen.*“ Hier werden körperliche und soziale Wahrnehmung vermischt. Und die Verarbeitung ist nicht so sinnvoll.

→ Hast du schon erste Gedanken zu deinem Kind in Bezug darauf, wie sinnvoll es Wahrgenommenes wohl bewerten kann? Hast du ihm vielleicht schon öfter ein scheinbar wenig sinnvolles Verhalten vorgeworfen, das vielleicht nur daher rührte, dass es schneller gestresst ist oder negativer bewertet als du?

KRITIK MACHT TRAURIG

Das war jetzt schon sehr theoretisch und trocken? Du solltest es trotzdem wissen. Denn das ist eine Entwicklung, die ich teilweise bei Kindern in der Beratung sehe, wenn sie als herausfordernd beschrieben werden. Oft sind sie sehr pessimistisch und bewerten Wahrgenommenes eher ein bisschen zu negativ. Kritisches Feedback bewirkt dann erst recht düstere Gefühle: *„Ich bin wohl irgendwie nicht richtig?!“* Nimmt ein Kind sich und die Welt so negativ wahr, braucht es Fingerspitzengefühl, um das zu verändern. Wie du diese Bereiche gut erkennst und einfühlsam begleitest, kannst du in einer persönlichen Beratung, beispielsweise bei ausgebildeten Pädagoginnen oder Pädagogen mit beziehungsorientiertem Schwerpunkt, gut lernen. Sie schauen mit dir hin, welches Wesen dein Kind mitgebracht hat und welche Erlebnisse es möglicherweise störend beeinflussen – vielleicht auch der Erziehungsstil. Ebenso können dir Bücher, die Wesensarten wie Schüchtern- oder Wildheit, Gefühlsstärke oder Hochsensibilität als Schwerpunkte haben, viele Hilfestellungen geben.

Dritter Schritt beim Wahrnehmen

HANDLUNG

Die Handlung oder Bewegung (oder auch Reaktion) – Wie gut wird dann interagiert?	Kannst du das Obstmesser einfach herausnehmen, das du jetzt brauchst?

Im Handeln unterscheiden Menschen sich darin, wie offen und zugewandt, wie gewissenhaft und verträglich, wie durchdacht und kooperativ sie sind. Wäre das alles bei deinem Kind sehr gut ausgeprägt, würdest du wahrscheinlich von einem unkomplizierten, angenehmen Kind sprechen: Es geht zumeist nett mit anderen um, es wird gemocht. Es startet mit dem Sortieren, sobald du ein Puzzle auf dem Teppich ausgekippt hast, und bietet dir an, die Randstücke herauszusuchen.

Ist ein Kind anders aufgestellt und lief das Sortieren und Interpretieren im vorherigen Schritt anders ab, fordert es dich eventuell stärker heraus: Es nimmt vielleicht wild dieses und jenes Teil in die Hand und regt sich auf, dass es nicht allein puzzeln darf.

Ein Kind, das eher als kompliziert gesehen wird, handelt vielleicht erschreckend heftig und wirkt distanzlos bis übergriffig. Ein anderes Kind, das herausfordernd erscheint, zeigt sich hingegen extrem zögerlich und vermeidet viele Handlungen. Denke zum Beispiel an eine Situation im Stuhlkreis des Kindergartens. Die Kinder werden nach ihren Ferienerlebnissen gefragt. Zwei von ihnen hatten keine gute Zeit, weil ihre Eltern sich stark gestritten haben. Das impulsive Kind wird es vielleicht sofort herausposaunen müssen, obwohl es noch nicht an der Reihe ist, und sucht nach Hilfe. Das zurückhaltende Kind fühlt sich vielleicht schuldig, sagt möglicherweise keinen Ton oder läuft sogar weg und versteckt sich in der Kuschelecke. Sie handeln ganz unterschiedlich und die Verarbeitung war womöglich schon verschieden, dabei waren ihre Erlebnisse sehr ähnlich.

Wie auch im Bereich der Verarbeitung können all diese Merkmale angeboren sein oder auch durch Erfahrungen mit ausgelöst werden. Ob sie angeboren sind oder nicht, ist für Laien nicht leicht zu erkennen. Dafür braucht ihr unter Umständen einen diagnostischen Blick, wenn das Thema sehr stresst. Ein Anhaltspunkt ist, wenn die Herausforderungen sich im Grunde kontinuierlich kein bisschen verbessern, egal wie gut deine Begleitung ist. Sind herausfordernde Züge wie Wildheit oder Zurückhaltung angeboren, kann ein Kind durch gute Begleitung lernen, den Alltag trotzdem leichter zu bewältigen. Das sind typische Themen in meinen Coachings. Auch hier können beziehungsorientierte Erziehungsberatung oder entsprechende Lektüre, beispielsweise zum Erziehungsstil, zum Umgang mit Wut oder intensiven Gefühlsstürmen und Ängsten, unterstützend sein.

Du sollst hier aber vor allem die Fülle der möglichen Ursachen kennenlernen – um dein Kind nicht zu schnell zu beurteilen. Denn vielleicht ist es schon von Geburt an darauf gepolt, eher chaotischer und egozentrischer zu handeln als andere. Ja, daran müsste es sicher mit dir arbeiten, aber es ist nicht bösartig und hat weder Vorwürfe noch Schuldzuweisungen verdient.

→ Hast du schon erste Gedanken in Bezug auf dein Kind? Wie ist sein Handeln allgemein?

Eindrücke hereinlassen, sie verarbeiten, dann handeln – tatsächlich lässt sich das nicht so klar trennen, denn für einen sinnvollen Ablauf sind diese Bereiche sehr eng verwoben. Die Aufsplittung geschieht nur auf dem Papier, damit du alle beteiligten Abläufe gut verstehen kannst. In der Forschung gibt es hier verschiedene Modelle, Trennungen und Bezeichnungen. Meine Sortierung und Benennung erhebt keinen Anspruch auf Allgemeingültigkeit.

Der Bauplan bei herausfordernder Wahrnehmung

Die Wesensart deines Kindes, wie zum Beispiel gefühlsstark oder schüchtern, ist angeboren. Sie zeigt sich auch in der Wahrnehmungsart: Ein Kind mit besonderem Wesen nimmt besonders wahr, erlebt anders, verhält sich anders. *Anders* kann sehr herausfordernd sein, ohne dass es *beeinträchtigt* oder *defizitär* bedeutet.

Zum Beispiel lässt sich der folgende Mix aus eher extremen Ausprägungen in allen drei Bereichen meist mit dem von Nora Imlau geprägten Begriff als **gefühlsstarkes Wesen** fassen:

- sehr aufnahmeempfindlich
- plus sehr unterstützungsbedürftig in Stressbewältigung und in der Verarbeitung
- plus sehr impulsiv in der Handlung

Wie viel schwieriger die Abläufe sich dann gestalten, wird dir anhand des folgenden Schaubildes deutlich:

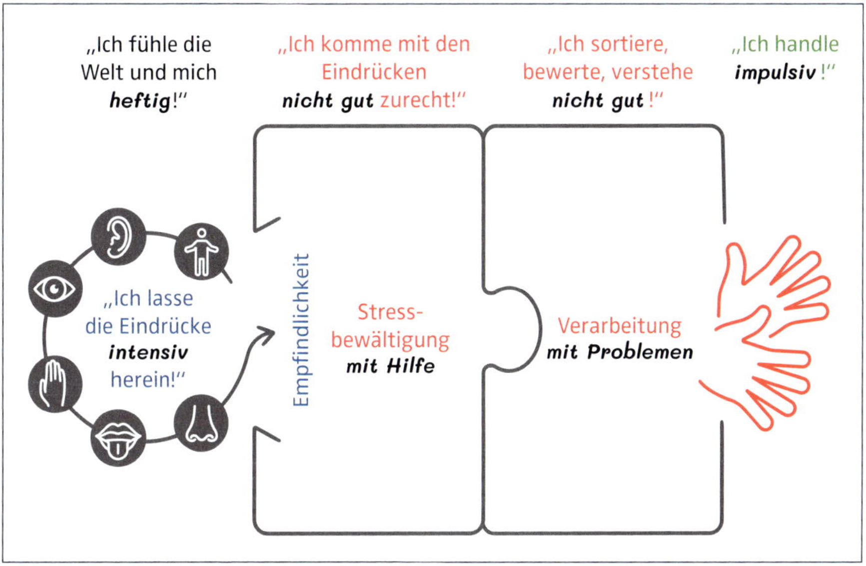

Ein herausfordernder Fall – Bauplan für Wahrnehmung bei gefühlsstarken Kindern: Die Sinne(sorgane) geben viel intensivere Informationen hinein, da die Aufnahmeempfindlichkeit so groß ist. (Reize kommen aus der Umwelt, über das Hören, das Sehen, das Fühlen, das Schmecken und das Riechen, und aus dem eigenen Körper.) Die weiteren Schritte sind herausfordernd, da zur Stressbewältigung die Unterstützung einer Bezugsperson benötigt wird und das Verarbeiten schwerfällt. Das Handeln erfolgt dann eher impulsiv und heftig.

Oft ist Gefühlsstärke ohne fachärztliche Untersuchung nicht eindeutig von beispielsweise ADHS zu unterscheiden. Manche Verhaltensweisen können in beiden Fällen ähnlich sein. Bei Unsicherheiten ist eine fachliche Klärung immer zu empfehlen. Besonders wenn du dein Kind intensiv begleitest, aber es dennoch auch mit viel Zeit nicht besser mit seinem Wesen umzugehen lernt, solltest du abklären lassen, ob etwas anderes dahintersteckt.

Aber Achtung! Erstmal kann es zwar dienlich sein zu sehen, dass bestimmte Ausprägungen bei deinem Kind bedeuten, dass es insgesamt zum Beispiel ein wildes, schüchternes, hochsensibles oder gefühlsstarkes Wesen mitbringt. Denn du verstehst dein Kind besser und kannst einschätzen, welche Unterstützung es von dir benötigt.

Während du nur versuchst, das Wesen und die Wahrnehmungsart deines Kindes gut zu sehen, öffnen viele andere Menschen an dieser Stelle aber oft Schubladen, die nicht hilfreich sind. Das Erkennen darf nicht zum Etikett und nicht zur Ausrede werden. *„Es kann das nicht, weil es ja ein schüchternes Kind ist“* oder *„Das kann man nicht erwarten, weil sie doch so hochsensibel ist“* sind Aussagen, mit denen du vorsichtig umgehen solltest. Hört dein Kind so eine Einordnung immer wieder, kann das seine Sicht auf sich selbst verstellen. Nutzt du sie hingegen, um aktiv zu werden, macht dich diese Einordnung stark als Begleitperson: Du siehst, was in deinem Kind los ist, wie es die Welt betrachtet und welche Begleitung es von dir braucht.

Hierfür reicht es nicht, auf seine Wahrnehmung zu achten und Wahrnehmungsspiele anzubieten. Zusätzlich benötigst du Wissen über die bestmögliche Begleitung der jeweiligen Wesensart, also entsprechende Erziehungstipps. Über die in Folge genannten Wesensarten kannst du viel Beziehungsorientiertes in Blogs, Apps und Büchern finden. Der Blick muss aber individuell bleiben, denn auch gefühlsstark ist nicht immer gleich gefühlsstark.

WESENSUNTERSCHIEDE VON KIND ZU KIND

Mit der folgenden Übersicht erkennst du typische Wesensarten, die besonders auffallend, fordernd und begleitungsintensiv sein können, etwas leichter:

schüchtern Reize erregen schüchterne Kinder eher schnell, vor allem wenn sie ungewohnt sind oder in Masse auftreten. Sensibilität und Einfühlungsvermögen sind eher hoch. Hilfe bei Stress wird oft aktiv gesucht und eher länger benötigt als bei Gleichaltrigen. Handlungen erfolgen eher langsam und geplant. Manchmal wirken diese Kinder gehemmt oder ängstlich.

hochsensibel Hochsensibilität hat viele Ähnlichkeiten mit Schüchternheit in Bezug auf die Empfindlichkeit und die benötigte Hilfe bei Stress. Im Handeln können hochsensible Kinder aber auch recht forsch sein.

wild Hier erregen Reize eher langsam und dürfen gern hochdosiert sein. Man merkt keine besondere Empfindlichkeit. Hilfe bei Stress wird manchmal vehement angefragt oder auch heftig abgelehnt. Handlungen erfolgen eher schnell, ungehemmt und wirken manchmal aggressiv oder egozentrisch.

gefühlsstark Diese Kinder können Reize und Gefühle nicht gut verarbeiten. Teilweise wirken sie überfordert, überreizt, sehr empfindlich oder auch sehr negativ. Sie benötigen intensive Hilfe bei Stress. Ihre Handlungen sind oft heftig und ungebremst. Sie können in allen Bereichen rund um Wahrnehmung und Interaktion Herausforderungen zeigen.

Alle Typen können einen guten, selbstbewussten Umgang mit ihrem Wesen lernen, so dass die Merkmale mit steigendem Alter immer weniger sichtbar werden. Das angeborene Wesen bleibt aber natürlich erhalten.

Wenn du magst, kannst du auch überlegen, welche Wesensart auf dich zutrifft, und möglicherweise nochmal genauer entdecken, was die Beziehung zwischen dir und deinem Kind vielleicht manchmal schwieriger macht. Schüchterne Eltern mit einem wilden Kind oder gefühlsstarke Eltern mit einem hochsensiblen Kind – das sind von vorneherein explosive Mischungen. Das zu erkennen gibt dir noch keine Handlungsanweisungen mit. Aber es zu verstehen und anzuerkennen ist der erste Schritt, etwas in eurem Alltag zu verbessern.

Lesetipp: Meine eigenen Bücher „Mein wunderbares schüchternes Kind“ oder „Mein wunderbares wildes Kind“, humboldt (2021), „Alle Antennen auf Empfang“ zu Hochsensibilität von Mira Mondstein und Deva Wallow, humboldt (2019), oder „So viel Freude, so viel Wut“ zu Gefühlsstärke von Nora Imlau, Kösel (2018).

Hast du das Gefühl, du kannst in deinem Kind keine klare Wesensart erkennen? Auch das ist möglich und sogar häufig. Ein Kind mit etwas anderer Wahrnehmung als die breite Masse nimmt ein bisschen anders wahr, mehr nicht. Das ist nicht herausfordernd und nicht beeinträchtigend und macht auch kein spezielles Wesen aus. Für diesen großen Raum der eher nicht so fordernden Kombinationen gibt es häufig keine eigenen Bezeichnungen. Was nicht anstrengt, wird kaum gesehen oder benannt. Möglicherweise wirst du aber dennoch in den Fragebögen (ab S. 122) einen Wahrnehmungsbereich als besonders auffallend erkennen. Allein das hilft dir dann, dein Kind besser zu sehen und zu wissen, welche Bereiche du begleitend und erziehend stärken kannst. Und es hilft dir beim Beurteilen des Verhaltens: Ist es vielleicht einfach nur eine Andersartigkeit, die deine Toleranz benötigt? Das ist ziemlich oft der Fall.

Wie kannst du eine andere Wahrnehmungsart erkennen?

Menschen sind unterschiedlich. Das gilt für viele Bereiche, auch für die Wahrnehmung und ihren Bauplan. Sogar ohne besondere Wesensart oder lebensbeeinflussende Beeinträchtigung. Für ein besseres Miteinander bei euch zu Hause ist es wichtig, dass du verstehst, an welcher Stelle dein Kind möglicherweise anders wahrnimmt als du. Denn dann kannst du auch sehen, warum es immer wieder anders handelt, als du es erwartest. Dieses Verständnis für dein Kind ist der Schlüssel zur Veränderung. Lass uns mit einigen Beispielen starten, die dir Andersartigkeiten verdeutlichen.

Für Unterschiede in den drei Bereichen Empfindlichkeit, Verarbeitung (einschließlich Stressbewältigung und Erfahrung) sowie Handeln schaue ich mir in den folgenden Unterkapiteln mit dir diese Fragen an:

- Blick auf die Ursachen: Wo kommen Andersartigkeiten in der Wahrnehmung her?
  Warum ist ein Kind sehr empfindlich und ein anderes vielleicht kaum? Warum verarbeitet eines möglicherweise kompliziert? Warum benötigt ein Kind eventuell so viel Unterstützung? Warum reagiert es womöglich oft eher heftig?
  Ich zeige dir, **warum** dein Kind vielleicht anders wahrnimmt als du. Mit diesem Blick wirst du dein Kind besser verstehen können.
- Frage nach den Problemen im Alltag: Was an diesen Andersartigkeiten macht eigentlich Stress?
  Wenn es eine besondere Ausprägung gibt, kann es an ganz unterschiedlichen Stellen Schwierigkeiten geben. Die Zusammenhänge erkläre ich dir. So kannst du erkennen, ob es für dein Kind **ein größeres Problem** gibt, das mit der Wahrnehmung zusammenhängt.

- Klärung der Bewertung: Bewertest du manche Andersartigkeiten zu negativ?
  Die Unterschiede können verschieden bewertet, zum Beispiel auch abgewertet, werden – was gemein ist. Hier kannst du dich hinterfragen und kannst **falsche Bewertungen erkennen**: *„Ach, das Kind macht das gar nicht aus Boshaftigkeit?!“*

Und du wirst sehen können, ob du etwas an deinem Kind einfach nur annehmen solltest. Entweder als Ist-Zustand oder aber als Bereich, in dem es besondere Unterstützung benötigt.

So lernst du Wahrnehmung an sich, aber besonders auch dein Kind noch besser kennen. Und du bekommst ein Gefühl dafür, welche Stärkung es vielleicht noch von dir braucht. Außerdem kannst du sehen, wo du deine Bewertung verändern und nachsichtiger mit deinem Kind sein solltest.

→ Wenn du möchtest, kannst du beim Lesen auch deine eigene Wahrnehmung besser kennenlernen, um zu sehen, warum ihr euch häufig missversteht. Entsprechende Fragestellungen findest du ebenfalls.

Die Empfindlichkeit und die Genauigkeit

EMPFINDLICHKEIT

Eindrücke müssen hereingelassen werden und dein Kind muss mit ihnen gut zurechtkommen. Ein und derselbe Reiz oder Eindruck kann aber von verschiedenen Menschen unterschiedlich intensiv empfunden werden: Ist das Licht okay oder fürchterlich grell? Was kommt an Reizen rein (und zwar von außen und von innen)? Was wird gespürt? Ist die Wahrnehmung genau? Im Schaubild zum Wahrnehmungsablauf auf S. 69 bedeutet das, die Öffnung für die Reize links kann unterschiedlich groß sein.

Die Empfindlichkeit beeinflusst die Wahrnehmungsgenauigkeit: Sie kann bei Über- oder Unterempfindlichkeit eingeschränkt sein. Das zeigt sich dann wieder im Handeln: Das Kind wirkt anders, herausfordernd, ungewöhnlich.

Woher kommen die Unterschiede?

Wenn ein Kind einen roten, rechteckigen Baustein mit acht Noppen in der Hand hält und mit den Fingern drückt und bewegt, spürt es die Kanten, Ecken, Noppen und die Größe des Bausteins. Zieht es sich einen dicken Fausthandschuh an und nimmt dann erst den Stein in die Hand, fühlt es kaum noch etwas Konkretes. Der Baustein könnte auch ein Hölzchen sein oder ein Stein. Und nun stell dir noch vor, ein anderes Kind hätte keine Haut und Muskeln, der Baustein würde direkt die Nerven an der Hand berühren. Es würde alle Ecken, Kanten und mehr ganz intensiv, vielleicht schmerzhaft fühlen.

Dabei ist es immer der gleiche Baustein. Doch die Empfindlichkeit der Kinder variiert. Die Genauigkeit ist unterschiedlich.

Machen die Unterschiede Probleme?

Alle Menschen sind unterschiedlich sensibel. Zum Beispiel beim Fühlen mit der Haut, aber auch hinsichtlich anderer Reize wie Lautstärke oder Geruch. Der eine kommt gut mit eingehenden Reizen zurecht, der andere spürt sie dreimal so stark und ist schnell überfordert. Man kann das als überempfindlich beschreiben. Und eine weitere Person braucht extra viel Reizmenge, damit sie überhaupt etwas merkt. Das kann man als unterempfindlich bezeichnen – fühlen mit dem Fausthandschuh.

Beide Unterschiede können im Alltag Probleme machen, weil die überempfindliche Person vielleicht ständig gestresst ist und die unterempfindliche möglicherweise dauernd andere mit ihrem Verhalten stresst.

Ist deine Bewertung der Unterschiede fair?
Ist eine der Personen richtiger als die andere? Manchmal erscheint es dir wahrscheinlich so. Und diejenigen, die eher über- oder unterempfindlich sind, bekommen dann einen Mangel zugeschrieben, an dem sie arbeiten sollen. Das ist aber ein sehr heikles Thema und gar nicht so simpel zu entscheiden. Ist die Wahrnehmungsgenauigkeit so gering, dass es ständig zu Problemen kommt? Leiden die Personen sehr an ihrer Empfindlichkeit, dann ist es für sie ein Defizit, das Hilfe benötigt. Und ansonsten?

In der modernen Pädagogik und der heutigen Begleitung von Kindern wird darauf geschaut, dass die Spanne an *normal,* also an unbedenklich, viel breiter zu fassen ist, als lange gedacht. Wilde, gefühlsstarke, hochsensible, schüchterne oder ängstliche Kinder sind in vielem einfach anders als andere über- oder unterempfindlicher in bestimmten Bereichen zum Beispiel. Aber sie sind okay und leiden oftmals nicht. Sie bedürfen hier und da besonderer Hilfestellungen, doch auch einfach eines Umfeldes, das sich auf sie einstellt, anstatt zu erwarten, dass sie sich komplett anpassen.

Möglicherweise ist deine Bewertung einer Unter- oder Überempfindlichkeit nicht fair, denn vielleicht ist die Empfindlichkeit für dich störend, aber an sich gesehen nicht falsch.

Starte ein Umdenken!
Du merkst: Es hängt viel von der Bewertung ab. *„Das Kind ist empfindlich."* und *„Das Kind ist zu empfindlich."* sind sehr unterschiedliche Aussagen. Die Perspektive ist eine andere. Wird das Leiden oder Nicht-Leiden des Einzelnen bedacht oder nur der Stress der anderen? Einmal wird das angeborene Wesen beachtet, ein anderes Mal werden alle Kinder über einen Kamm geschert, so dass einige Kinder – nämlich die, die Erwachsene eher herausfordern – nur verlieren können.

→ Gleich beim Start, wenn dein Kind auf einen Reiz trifft und Wahrnehmung beginnt, kann es holpern, Schwierigkeiten geben oder der Vorgang einfach nur anders ablaufen als bei dir. Vielleicht ist die Empfindlichkeit – die geöffnete Stelle im Schaubild auf S. 69 – größer oder kleiner als bei anderen, so dass zu viel ins Kind hineinkommt oder Reize nur ganz schwer Zugang finden. Hat dein Kind quasi den Fausthandschuh an oder aber liegen seine Nerven im übertragenen Sinne blank ohne schützende Haut darüber? Ist es beim Ankommen der Reize über- oder unterempfindlich? Gibt es Ungenauigkeiten beim Wahrnehmen?

> Wie mich dieses „alle brauchen" im ratgebenden Umgang mit jungen Eltern stresst. Ja, Berührung ist wichtig und förderlich. Aber nicht jedes Kind liebt es, eng in einer Trage zu sein. Menschen sind unterschiedlich empfindlich bei Berührung und Druck. Für manche ist das zu viel.
>
> @HummelFamilie auf Twitter)

Bei einer **Unterempfindlichkeit** nimmst du dein Kind möglicherweise eher als stur oder desinteressiert wahr, vielleicht aber auch als überaus aktiv und impulsiv: *„Ich merke gar nicht, dass da etwas ist."* Bei einer **Überempfindlichkeit** wird dein Kind von Reizen überwältigt und zeigt sich vielleicht eher ängstlich und vermeidend: *„Das ist mir alles zu viel! Ich verkrieche mich lieber!"* Oder es wirkt überdreht, planlos und auch impulsiv: *„Das ist mir alles zu viel! Ich lasse die Anspannung heraus!"* Dann ist das Verhalten kaum zu unterscheiden von dem eines unterempfindlichen Kindes. Macht das große Probleme, ist an dieser Stelle ist oft die Detektivarbeit von Ergotherapeut*innen notwendig.

ÜBER- UND UNTEREMPFINDLICHKEIT ANSCHAULICH ERKLÄRT

Interview mit Ergotherapeutin Sarah Blume

Sarah Blume gibt Beispiele für Unter- oder Überempfindlichkeit bei der Reizaufnahme:

Woher können Probleme bei der Reizaufnahme kommen?

Probleme können sich durch die Aufnahme von zu vielen oder zu wenigen Reizen zeigen. Ein Beispiel: Manche Kinder lieben es, Karussell zu fahren, können nicht genug davon bekommen (und zwar wirklich), es muss schneller und immer mehr sein – hier liegt wahrscheinlich eine Reizarmut vor. Die Kinder brauchen unheimlich viele Reize, damit das Gehirn genug hat, um damit zu arbeiten. Anderen Kindern wird schon vom Ansehen des Karussells übel. Sie verarbeiten verhältnismäßig zu viele Reize und vermeiden sie eher.

Wie zeigen sich Unter- und Überempfindlichkeit?

Kinder, die mit Reizunterempfindlichkeit oder -armut kämpfen, wirken oft lauter (reden laut, schreien, hören ihre Musik oder Hörspiele laut), sie umgeben sich bewusst mit Dingen, die intensiv riechen (zum Beispiel Mamas teure, gutriechende Bodylotion) oder schmecken (mitunter auch stark schmeckende Lebensmittel).

Bei Reizüberempfindlichkeit ist es häufig andersherum: Die Kinder sind ruhig, leise, zurückgezogen, werden oft als schüchtern, in sich gekehrt oder „zu still“ empfunden. Sie mögen viele Gerüche und Geschmäcker nicht, essen eher reizarmes Essen gern *(„Nudeln mit nichts, bitte!“)*, haben sehr feine Antennen für Stimmungen und reagieren oft schon sehr früh auf eigene Gefühle. Sie ziehen sich mitunter aus dem „Zuviel“ zurück und schauen zum Beispiel stunden-, tage- oder wochenlang das gleiche Buch an.

Über- und Unterempfindlichkeit können sich sowohl auf die Außenwahrnehmung beziehen, wo Sehen, Hören & Co., also im Grunde die Eindrücke der Welt, dein Kind überfordern können, oder aber auf die Innenwahrnehmung, so dass dein Kind mit sich selbst überlastet ist.

Unter- und Überempfindlichkeit muss nicht immer angeboren sein. Sie kann nur phasenweise vorkommen, beispielsweise wenn die Umgebung sehr fordernd ist und sich das Kind in einer Krise befindet (durch Mobbing, langanhaltende Krankheit, eine Elterntrennung oder Ähnliches). Oder sie zeigt sich so lange, wie das Kind sich in einer fordernden Entwicklungsphase befindet (zum Beispiel während der ersten großen Entwicklungsschritte im Babyjahr, der frühen Autonomiephase im Kleinkindalter oder der intensive Autonomiesuche in der Pubertät). Dann ist nicht unbedingt extra Wahrnehmungsförderung angebracht, aber mit Sicherheit Verständnis, Rücksichtnahme und Unterstützung.

Dein Engagement rund um das Thema Wahrnehmung kann solche Phasen nicht verhindern. Aber sie kann deinem Kind Schutzfaktoren mitgeben.

SIND ÜBER- UND UNTEREMPFINDLICHKEIT BEDENKLICH?

Unter- und Überempfindlichkeit bei der Reizaufnahme können auch mit einer diagnostizierbaren Störung einhergehen.

Sie können beispielsweise Teil einer Autismus-Spektrum-Störung sein und haben dann ebenfalls oft zur Folge, dass sich soziales Miteinander schwierig gestaltet. Und manche Unterempfindlichkeiten in der Wahrnehmung und ihrer Verarbeitung können auch ADHS-Symptome sein.

Verdachtsdiagnosen werden schnell gestellt, oftmals leider in der Nähe von Kinderohren und ohne genauer hinzuschauen. Wenn du in diesem Bereich und möglicherweise nach einem Gespräch mit anderen unsicher bist, sprich am besten erst einmal ohne dein Kind mit Menschen, die entsprechendes Fachwissen haben. Die erste Anlaufstelle sollte eure kinderärztliche Praxis sein. So machst du keine Pferde scheu, übersiehst aber auch nichts. Wenn wirklich eine Störung vorliegt, ist frühes Erkennen und Helfen ein Segen.

→ Frag dich hinsichtlich der Empfindlichkeit: Wie siehst du dein Kind? Wie sehen andere es? Hast du eine erste Einschätzung zu deinem Kind? Kreuze gern an:

Es ist eher
- ○ überempfindlich
- ○ unterempfindlich
- ○ unauffällig im Bereich Empfindlichkeit

ab 3 Jahren

→ Wenn dein Kind schon gut sprechen kann, macht folgenden Test: Nehmt jeder einen solchen Baustein in die Hand und besprecht eure Eindrücke. Wiederhole das auch mit anderen Materialien. Wie unterschiedlich empfindlich seid ihr?

→ Siehst du ein Problem für dein Kind? Ist denn deine Bewertung fair? Ob du etwas tun musst und was, kannst du mithilfe der Fragebögen im Kapitel „Entdecke dein Kind neu" herausfinden.

Die Stressbewältigung oder Regulation

VERARBEITUNG

In der Verarbeitung kann es an verschiedenen Stellen Unterschiede geben, beispielsweise im Umgang mit empfundenem Stress durch wahrgenommene Reize. Das fällt Menschen unterschiedlich leicht: Halte ich mir die Ohren zu, wenn es unerträglich laut ist, oder schreie ich verzweifelt herum, ohne wirklich etwas zu verändern? Manche Kinder zeigen bei der Stressbewältigung, der sogenannten Regulation, viel Selbständigkeit, andere nicht.

Die Unterschiede kannst du sogar bei Erwachsenen noch gut feststellen: Wenn jemand eilig eine Treppe herunterrennt und ihm oder ihr dabei der Biomüll auf die Stufen fällt, fängt der eine an, leise seufzend aufzuräumen, während die andere fahrig wird, brüllt und womöglich den herbeieilenden Nachbarn beschimpft.

Woher kommen die Unterschiede?
Stell dir hierzu vor, der rote Baustein liegt in einer Kinderhand, die fest zur Faust geschlossen wurde. Sie wird wieder geöffnet, der Stein fällt heraus. Durch die Noppen und Ecken bleibt ein unangenehmes Gefühl. Ein Kind wird seine zweite Hand nehmen und die beanspruchte Handinnenfläche streicheln, um sie zu beruhigen. Das nächste Kind wird zu seiner Bezugsperson laufen und vielleicht sehr unglücklich um Hilfe bitten. Und ein drittes Kind wird hilflos schimpfen, eventuell weinen, und keine Idee haben, wie das unangenehme Gefühl weggehen kann. Wenn eine erwachsene Person ihm Hilfe anbietet, lehnt es diese eventuell sogar vehement ab.

Drei unterschiedliche Wege, obwohl doch alle den gleichen Baustein gefühlt haben – wie kann das sein? Das liegt am unterschiedlichen Regulationsvermögen.

Machen die Unterschiede Probleme?
Wie verschieden Menschen mit Stress umgehen können, fällt gerade bei Kindern noch sehr stark ins Auge. Viele sind regulationsstark, kommen rasch allein zurecht. Andere sind nicht ganz so eigenständig, aber können sich ohne Probleme Hilfe suchen. Und wieder andere sind regulationsschwach, haben kein gutes Gespür dafür, was ihnen jetzt guttun würde und dass sie jemanden um Hilfe bitten könnten. Und selbst, wenn sie Unterstützung erhalten, fällt es ihnen möglicherweise schwer, diese anzunhemen.

Ist deine Bewertung der Unterschiede fair?
Ist ein Kind hier richtiger als das andere? Besser? Gesünder? Den regulationsstarken fällt sicher vieles im Leben leichter, aber das lässt sich nicht so einfach als „besser“ bewerten. Glatte Haare sind auch einfacher zu bürsten als lockige, aber sie sind nicht besser, nur anders. Das heißt, du kannst auch die Andersartigkeit bei Stress einfach neutral sehen: als angeborenen Unterschied im Umgang mit Wahrgenommenem. Das kann einem Kind nicht vorgeworfen werden. Weder „stellt es sich an“ noch „zickt“ es.

Die angeborene Fähigkeit zum Umgang mit Stress bleibt auch im Erwachsenenalter bestehen. Aber bis dahin haben viele Menschen gute Strategien gelernt, um mit Regulationsschwächen zurechtzukommen. Alle jedoch nicht, siehe den Biomüll-Unfall im gerade genannten Beispiel. Auch das wirst du vermutlich noch aus weiteren Situationen kennen, weil eine Freundin von dir einen Stau stoisch aushält, während eine andere in fünf Minuten alle Schimpfwörter herausbrüllt, die ihr in den Sinn kommen, und dabei aufs Lenkrad einhaut. Auch dabei gibt es erstmal kein „besser“ oder „richtiger“, sondern erst einmal ein „anders“.

Starte ein Umdenken!
Im Umgang mit diesen Unterschieden und mit regulationsschwachen Menschen hängt wieder viel von der Bewertung ab: *„Das Kind ist anstrengend“* und *„Das Kind braucht Unterstützung“* sind ganz verschiedene Aussagen dazu, die zeigen, dass die Sprechenden mit einer unterschiedlichen Haltung hinschauen.

→ Frag dich hinsichtlich der Stressbewältigung: Wie blickst du auf dein Kind? Wie tut es euer Umfeld? Wie sieht deine erste Einschätzung aus?

Es kann mit Stress eher

- ◯ leicht allein umgehen
- ◯ nicht gut allein umgehen, aber Hilfe holen
- ◯ nicht gut allein umgehen und nicht gut Hilfe holen

ab 2 Jahren

→ Beobachte im Alltag: Fallen deinem Kind manche Situationen, die euch gestresst haben, leichter, wenn du von dir aus nochmal mehr Hilfe anbietest (auch wenn andere sagen, es müsse hier jetzt aber echt mal selbstständig sein)? Dann denk an die Lesetipps zur Wesensart aus dem Kapitel „Der Bauplan bei herausfordernder Wahrnehmung“.

Die Erfahrung

VERARBEITUNG

Im Bereich der Verarbeitung macht vorhandene Erfahrung natürlich auch viele Unterschiede aus. Die persönliche Analyse und Bewertung von Reizen fallen bei jedem Menschen anders aus. Das hängt davon ab, welche Erfahrungen und Voraussetzungen die Person mitbringt: Werde ich fürchterlich fahrig wegen der lauten Sirene oder weiß ich, dass sie eh ganz rasch nicht mehr zu hören sein wird, sobald das Feuerwehrauto vorbeigefahren ist? Die wahrgenommene Wahrheit ist für jeden anders und wird je nach Erfahrung unterschiedlich bewertet.

Woher kommen die Unterschiede?
Wenn der rote, rechteckige Klemmbaustein mit den acht Noppen vor dir liegt, siehst du die Farbe, die Größe, die Form. Und wenn du länger draufschaust, spuckt dein Gehirn Assoziationen aus wie die schmerzenden Kanten, wenn du barfuß darauf trittst (Form), die tollen Bauten, die man damit machen könnte (Größe), oder die Erinnerung an deine Freundin, mit der du früher immer komplett rote Häuser daraus gebaut hast (Farbe) und deren Haare so gut nach Limettenshampoo rochen (Geruch).

Schaut ein Baby darauf, sieht es einen auffallenden Fleck, weil es Rot gut erkennen kann. Ist ein Kind etwas älter, wird es den Baustein ergreifen und vielleicht mit Lippen und Zunge erkunden wollen. Es nimmt die Härte wahr oder dass er nach klebrigen Zuckerfingern schmeckt. Aber es hat kein Wort für die Farbe, keine Idee, was es damit machen könnte, keine Erinnerungen an schöne Spielmomente. Es bewertet den Reiz vielleicht als uninteressant. Denn es ist noch ganz am Anfang der Entwicklung einer sinnvollen, ganzheitlichen Wahrnehmung.

Und zwei weitere Kinder im Grundschulalter werden vielleicht beim Blick auf den Stein wiederum ganz unterschiedlich empfinden: *„Toll, endlich ein roter Stein! Wie viele Noppen hat er?"* kann die eine Bewertung sein und *„Och, schon wieder nur so ein Plastikding!"* die andere. Das erste kennt Klemmbausteine von zu Hause und prüft das Exemplar in seiner Hand daraufhin, ob es den Rotton der Feuerwehrwache hat, die es gerne bauen möchte. Das andere hat vielleicht sehr kontrollierende Eltern, die das Spiel mit Bausteinen nicht sehr schätzen. Daher wird es ihn eher desinteressiert in der Hand bewegen und sich umgucken, ob etwas „Besseres" in der Nähe liegt. Erfahrung kann also zu sehr verschiedenen Bewertungen und Handlungen in einer Situation führen, andere irritieren oder dazu führen, dass eine Person als mangelhaft gesehen wird, weil sie anders vorgeht.

Doch der Baustein ist immer der gleiche. Nur die Vorerfahrungen unterscheiden sich und bestimmen den Ablauf der Wahrnehmung mit. Macht ein Kind es „richtiger" als das andere?

Machen die Unterschiede Probleme?

Alle Menschen haben unterschiedliche Erfahrungen gemacht. Diese beeinflussen die Verarbeitung und Bewertung der wahrgenommenen Reize. Das hängt nicht nur vom Lebensalter ab, sondern natürlich von vielen weiteren Faktoren, so dass eben auch zwei Gleichaltrige mit dem oben genannten Baustein Verschiedenes verbinden können. Daher reagieren Menschen unterschiedlich.

Erinnere dich an wenig sinnvolle Wahrnehmungsverarbeitung bei beschämten oder ängstlichen Kindern. Optimismus und Pessimismus ergeben sich aus Anlage und Erlebtem und bestimmen die persönliche Wahrheit mit. An Aussagen wie beispielsweise *„Ich kann damit etwas bauen"* oder *„Mir wird eh wieder nichts gelingen"* kannst du manchmal liebevoll gestärkte Kinder von denen unterscheiden, die oft niedergemacht werden.

Das kann Probleme beim Wahrnehmungsablauf machen, weil solche Kinder Informationen nicht sinnvoll zuordnen und Sachverhalte nicht gut erkennen können.

Ist deine Bewertung der Unterschiede fair?
Nimmt ein Kind mit vielen passenden Erfahrungen richtiger wahr als das andere mit wenig Vorerfahrungen? Spontan würden wir wahrscheinlich alle sagen: *„Natürlich! Das Kind, das mit dem Klemmbaustein baut, hat den Stein verstanden. Wie klug!“* Aber ist das andere Kind nicht auch klug, wenn es etwas schnell loswerden will, mit dem ihm sonst immer wehgetan wurde? Oder an dem es sich schon mal verletzt hat? Hat es deshalb ein Problem, ein Defizit? Nicht unbedingt. Die Bewertung wäre so nicht fair.

Starte ein Umdenken!
Auch hier hängt wieder viel von der Bewertung durch die Erwachsenen ab. Und vom genauen Hinsehen. Wurde sich für die Geschichten der Kinder interessiert? Oder wurden sie nach Schema F beurteilt?

→ Frage dich hinsichtlich deines Kindes: Wie objektiv kannst du es beurteilen? Hast du im Blick, welche Erfahrungen es schon gemacht hat und welche nicht, wenn ihr über Alltägliches streitet? Und wie bewertet euer Umfeld: Gibt es oft demotivierende, kritische Stimmen? Kann es sein, dass dein Kind deshalb einen sehr pessimistischen Blick entwickelt hat?

ab 2/3 Jahren

→ Bemerkst du eine Situation, in der dein Kind etwas sehr anders macht als du, hilft es, genau nach seinen Gründen und vorausgehenden Gedanken zu schauen, anstatt sofort zu beurteilen?

DIE ROLLE DES GEHIRNS BEI DER VERARBEITUNG VON REIZEN

Neben der Erfahrung ist allerdings auch die grundlegende Funktionalität des Gehirns wichtig. Arbeitet es sinnvoll oder umständlich – oder vielleicht sogar krankhaft gestört? Wenn die Reize gut, stark oder schwach im Kind angekommen sind, müssen sie verteilt werden – wie die Bestecke in der Schublade. Hier unterscheiden sich die Menschen wieder: Empfangen sie die eingehenden Reize *bahnend*? Werden Reize also gut dorthin geleitet, wo sie bewertet und verarbeitet werden? Oder nehmen die Personen die Impulse hemmend auf und benötigen lange, um sie einzuordnen? Werden manche Reize gar nicht gewählt? Oder zu viele auf einmal, um sie sinnvoll verarbeiten zu können? Zum Vergleich: Legst du nur jedes zweite Besteckteil in die Schublade? Oder stopfst du neben Gabeln, Messern und Löffeln auch noch Büroklammern und Stifte dazu? Wieder wird am Ende das Finden des Obstmessers schwieriger.

Reizauswahl oder Reizbewertung können hier für Außenstehende seltsam anmuten und auch den Menschen selbst stressen. Ob ein Kind hier ein Problem hat, können nur Expert*innen genau feststellen.

Die Reaktion

HANDLUNG

Die Reaktion auf etwas Wahrgenommenes, das Handeln, erfolgt auf unterschiedliche Art und Weise. Manche Menschen sind eher impulsiv, andere eher empathisch und zögerlich. Einige erscheinen sicher auch dir in ihrem Tun sehr planvoll und bei anderen wirkt vieles tollpatschig.

Woher kommen die Unterschiede?
Wir können auf zwei Arten auf Wahrnehmung beziehungsweise Reize reagieren: indem wir sofort eine motorische Handlung ausführen, oder indem wir rein innerlich, eher gedanklich, vielleicht auch gefühlvoll reagieren und dann erst handeln.

Beispiel für verschiedene sofortige Bewegungs-Reaktionen: Die Hand mit dem Klemmbaustein darin reagiert nicht bei jedem Menschen gleich, wenn sie den Stein befühlt hat. Einer drückt vielleicht sehr fest, ohne davor darüber nachzudenken, und ärgert sich dann, dass das wehtut. Eine andere Person lässt den Stein womöglich unbeabsichtigt fallen, weil ihre Hand zu locker greift. Und ein dritter Mensch fasst reflexartig heftig, wenn der Stein ihm entgleitet, und tut sich dabei sogar weh.

Vielleicht kannst du dir den Vorgang mit einem Beispiel leichter vorstellen: Bei jedem Menschen, der den roten Baustein befühlt hat, wird nicht nur eine Bewegung, sondern auch etwas im Kopf in Gang gesetzt. Und erst daraus erfolgt eine Handlung. Einer wird den Stein nehmen und Lust haben, damit etwas zu bauen, die Struktur abzuzeichnen oder ihn nochmals prüfend in die Hand zu nehmen. Eine andere wird ihn gelangweilt beiseitelegen und etwas ganz anderes tun. Eine dritte Person wird sich den Stein neugierig vornehmen und mit den Fingerspitzen noch genauer erfühlen, was ihn ausmacht. Person Nummer vier wird ihn vielleicht verträumt von einer Hand in die andere werfen, aber wenn sie später mehr über die Beschaffenheit sagen sollte, wird die Detailgenauigkeit nicht sehr groß sein. Die nächste wird den Stein womöglich fröhlich zwischen den Fingern drehen und sich wünschen, weitere Steine zu bekommen, während die sechste Person ihn unachtsam und genervt wegschnipst und hofft, rasch etwas anderes tun zu können. Einige werden sich dabei gut fühlen, andere eher unwohl.

Alle diese Menschen waren in der gleichen Situation und hatten den gleichen Baustein zum Erkunden. Und doch waren alle motorischen Reaktionen sowie die Gedanken und Gefühle und folgenden Handlungen unterschiedlich. Und das waren nur einige von vielen Möglichkeiten, auf diese Situation zu reagieren. Das kann viele Gründe haben, aber auch an Wahrnehmungsunterschieden liegen. Die Reaktionen können bewusst oder unbewusst erfolgen:

- *„Ich will genauer fühlen“* oder *„Ich will auf gar keinen Fall genauer fühlen.“* Diese Entscheidung kann bewusst getroffen werden.
- Bei einer über- oder unterempfindlichen Wahrnehmung kann unbewusst reagiert werden: *„Ich brauche weniger Input, sonst bin ich überfordert“* oder *„Ich brauche mehr Input, sonst kommt nichts an.“*

Die eine denkt darüber nach, den Stein genauer zu befühlen oder eben nicht. Der andere handelt im Grunde automatisch, weil er sich schützen muss oder aber immer so intensive Eindrücke braucht.

Bei jüngeren Kindern ist viel Unbewusstes dabei, denn sie handeln entsprechend ihrer Wahrnehmungsart. Erst mit zunehmendem Alter und möglichst hilfreicher Begleitung probieren Kinder andere Wege aus und handeln bewusster.

Machen die Unterschiede Probleme?

Egal, ob motorisch oder gedanklich: Es spielt eine Rolle, wie überlegt oder unüberlegt, wie motiviert oder lustlos jemand ist. Und die daraus resultierenden Handlungen können sinnvoll und hilfreich oder sinnlos und stressend erscheinen. Letzteres kann im Alltag für einige Probleme sorgen.

Ist deine Bewertung der Unterschiede fair?

Aufgeschlossen oder nicht, organisiert oder nicht, kooperativ oder nicht, überlegt oder nicht ... Jeder Mensch ist auch in diesem Bereich anders und zeigt daher eine Reaktion, die zu ihm und seiner Verarbeitung der Situation passt. Sind die neugierigen oder aktiven Menschen „besser" als die wenig interessierten oder die passiven?

Auch hier würden viele wahrscheinlich spontan zustimmen, aber dabei übersehen, dass das eine unfaire Bewertung ist. Die passiven Personen benötigen oft nur einen anderen Zugang, mehr Zeit oder besondere Strategien, um bestimmte Handlungen anzugehen. Nichts davon ist bei genauerer Betrachtung „besser" oder „schlechter", erscheint dir nur je nach Situation vielleicht klüger, sinnvoller oder angenehmer. Die zögerlichen oder zu impulsiven Handlungen als falsch abzutun, wäre unfair.

Starte ein Umdenken!

„Er ist so stürmisch und sie ist so zurückhaltend" kann alternativ auch heißen *„Er ist so aufgeschlossen und sie ist so überlegt."* Wieder macht es die persönliche Sicht aus, ob eine Handlung negativ gesehen wird oder ob du versuchst, den Menschen dahinter zu entdecken.

→ Frag dich hinsichtlich deiner Reaktion: Wie bewertest du das Handeln deines Kindes? Kannst du es neutral sehen und dahinter schauen? Gründe entdecken? Oder bist du sehr kritisch? Was sagt das Umfeld? Wie ist deine erste Einschätzung?

Es reagiert eher
- ○ sehr zögerlich
- ○ sehr planvoll
- ○ sehr überstürzt

ab 2/3 Jahren

→ Fällt dir eine Handlung deines Kindes auf, die du nicht gut nachvollziehen kannst, frag dich wieder nach seinen Gründen und den vorausgehenden Gedanken, anstatt sofort zu beurteilen. Statt mit einem *„Das ist falsch!“* zu reagieren, kannst du mit einem *„Warum?“* starten. Sagst du nicht einfach *„Man isst nicht mit dreckigen Fingern!“*, sondern fragst nach dem Grund, hat dein Kind Raum, sich zu erklären: *„Mein Bauch tat schon so weh, ich musste nur schnell eine Handvoll Erdbeeren in den Mund stecken.“* Die Handlung war doch sinnvoller als gedacht.

Deine faire Bewertung

Vielleicht hast du schon an der einen oder anderen Stelle gemerkt, dass es wahrscheinlich einige Situationen gab, in denen du oder andere dein Kind bewertet haben, ohne genauer hinter sein Verhalten geschaut zu haben. Wovon war sein Handeln beeinflusst? Siehst du das jetzt besser? Hatte sein Alter Einfluss? Seine Erfahrungen? Oder ergab sich ein Konflikt vielleicht, weil eure Wahrnehmungsbereiche in Teilen unterschiedlich arbeiten?

War es wirklich zu empfindlich oder hast du das nur so gedeutet? War es tatsächlich anstrengend – oder nur für dich zu fordernd? Hat dein Kind seine Umwelt echt nicht gut begriffen oder hast du nur seine Fantasie nicht sehen können?

An dieser Stelle erinnere ich nochmal an den häufigen Klassiker für unterschiedliche Wahrnehmung: das unterschiedliche Temperaturempfinden von großen und kleinen Menschen und damit der Streit um Jacke, Schal und Mütze oder Stiefel und Sandalen. 15 °C sind nicht einfach 15 °C. Die gefühlte Temperatur kann sich unterscheiden, allein schon aufgrund der Bewegung oder des Stoffwechsels. Das kann man dann annehmen oder aber abwerten: *„Mein Kind fühlt anders als ich“* oder *„Mein Kind macht Theater.“*

Ich glaube, wenn du dein Kind verstehst, musst du es nicht mehr abwerten, sondern kannst damit umgehen und deinem Kind sinnvoll unter die Arme greifen. Ganz bestimmt gibt es solche oder ähnliche Situationen auch bei euch. Du wirst sie bald besser verstehen.

Dein Kind ist nicht boshaft

Stell dir folgende Situation vor: Du willst gleich das Abendessen vorbereiten. Dein Kind rennt laut durch die Wohnung, hopst, boxt in die Luft. Es hat Bewegungsdrang, aber scheint im Spiel zu sein und dich gar nicht wahrzunehmen. Also setzt du dich nochmal kurz für eine Pause aufs Sofa. Als es das nächste Mal im Wohnzimmer ankommt, nimmt es dich aber plötzlich wieder wahr, rennt zur Couch und springt neben dich. Dabei haut es dir mit dem Ellbogen in den Magen. Du zuckst weg. Dein Kind will sich sofort entschuldigen, greift dein Gesicht mit seinen Händen, um dich zu küssen, aber donnert wild mit der Stirn auf deine Oberlippe.

Spontan bist du wahrscheinlich genervt, hast Schmerzen und bist wütend. Zu Recht, denn deine Gefühle dürfen sein.

Im nächsten Schritt kommt es aber auf die **Bewertung** an: Beurteilst du dein Kind als bewusst gegen dich handelnd? Nimmst du das Geschehene persönlich? Hast du das Gefühl, dein Kind hat sich mal wieder nicht im Griff, nicht an dich gedacht, sich nicht um Vorsicht bemüht? Dann gehst du wahrscheinlich in eine gewisse Distanz zu ihm, schimpfst vielleicht.

Oder bemühst du dich, in guter Verbindung zu bleiben? Du stoppst seine Wildheit eindeutig, denn natürlich sollst du dich nicht verletzen lassen. Aber du schaust auch nach seinen Gründen? Dann bleibst du in Beziehung zu ihm.

Denn sein Verhalten kann viele **Ursachen** haben:

- Vielleicht kann dein Kind sich um die späte Uhrzeit nicht mehr gut kontrollieren, weil es kein gutes Gespür dafür hat, dass es eigentlich sehr hungrig ist. Es ist eure typische Abendessenzeit und es ist einfach schon sehr ausgehungert, aber konnte nicht rechtzeitig ans Essen denken. Doch deine Nähe konnte es noch suchen – und benötigt Unterstützung. **Das heißt, vielleicht ist seine Innenwahrnehmung hinsichtlich seines Satt- oder Hungrigseins (noch) nicht so gut.**
- Möglicherweise hat dein Kind auch kein gutes Gespür dafür, dass es eigentlich schon sehr müde ist und ihm fallen deshalb kontrollierte Bewegungen schwer. Der Tag war ja schon lang. Aber wieder: Es sucht Nähe und Hilfe. **Eventuell ist seine Innenwahrnehmung in Bezug auf Müdigkeit (noch) nicht so ausgeprägt.**
- Oder es ist nicht müde, sondern einfach sehr angespannt durch viele Reize von einem langen Tag und bräuchte eine Pause. **Doch seine Innenwahrnehmung dafür, dass es sich jetzt mal eine**

Entspannungsphase gönnen sollte, ist (noch) nicht so gut. Sein Bindungssystem ist aber angesprungen und es ist zu dir gekommen, um Hilfe beim Loslassen des gespürten Stresses zu bekommen.
- Seine ungestümen Bewegungen haben dich verletzt, aber vielleicht nicht aus Unachtsamkeit, sondern weil es seine Körperabmessungen und seine Kräfte noch nicht so gut einschätzen kann. **Die Innenwahrnehmung und die Kraftregulation müssen sich in diesem Bereich noch weiterentwickeln.**

Viele Wahrnehmungsschwierigkeiten können Teil der Ursache sein. Und ja, natürlich kann auch alles, was passiert ist, ein unglücklicher Zufall sein oder vielleicht warst du selbst auch zu schlapp oder zu empfindlich, um das gut abzufedern. Sollten aber Unterschiede in der Wahrnehmung zu solch einer unguten Situation geführt haben, können sie aus verschiedenen Gründen vorhanden sein, die du schon kennengelernt hast:
- Die Wahrnehmungsunterschiede können am **Entwicklungsalter** liegen: Mit 2 Jahren kann ein Kind noch nicht so sinnvoll verarbeiten und anwenden wie mit 5 oder gar mit 35 Jahren. **Es ist noch nicht so weit!**
- Zum anderen können sie natürlich auch von den **Erfahrungen** abhängen: Die eine Fünfjährige durfte viel ausprobieren und bekommt viele Rückmeldungen zu ihrer Motorik. Die andere hatte wenig Gelegenheiten zu erfahren, wie unterschiedlich heftig ihre Berührungen bei anderen ankommen können. Und ein Kind weiß nicht, dass Unterzuckerung zu weniger guter Kontrolle der eigenen Handlungen führen kann, eine erwachsene Person vielleicht schon.

- Auch die **Situation** kann Einfluss haben: Ein ausgeschlafenes Kind kann seine Kräfte besser einschätzen als eines, das kurz vor der Schlafenszeit tobt.
- Ebenso können sie von der **Wesensart** abhängen: Der eine Vierjährige kann gut für sich sorgen, wenn er eine Hängematte plus Hörspiel braucht, um wieder konzentriert sein zu können. Der andere spürt das nicht. Und beim Wesen sind wir wieder mitten in der **Wahrnehmungsverarbeitung:** Kann das Kind Stress durch Überreizung selbständig loswerden oder ist es eher regulationsschwach?

Und so weiter. Vieles kann ein Auslöser für Konflikte sein, zum Beispiel eben auch die Wahrnehmungsart. Unterschiede können dazu führen, dass Menschen ein und dasselbe Geschehen anders einsortieren. Das kann Schwierigkeiten machen, gerade auch in engen Verbindungen wie Eltern-Kind-Beziehungen und besonders, wenn sehr unterschiedliche Lebensalter aufeinandertreffen.

Ist ein Mensch dazu in der Lage, sich gut zu spüren und diese Eindrücke klar zu formulieren, sind Wahrnehmungsunterschiede nicht mehr ganz so dramatisch. Doch einem jungen Kind wie deinem fehlen ganz sicher noch sprachliche Möglichkeiten und eben auch eine möglichst ideal ausgebildete (Innen-)Wahrnehmung. Es muss noch einiges erleben und lernen. In der Kommunikation und in der Wahrnehmung. Das macht euren gemeinsamen Alltag schwieriger. Und bringt dich in die Verantwortung: **Dein Kind braucht Verständnis, Liebe, Zeit und Raum zum Üben.**

Viele Kinder sind wie deines

Die besondere Bedeutung der Innenwahrnehmung für eine gute Einschätzung der eigenen Bedürfnisse hast du gerade kennengelernt: Spürt ein tobendes Kind Erschöpfung oder Hunger nicht, kann es zu Konflikten kommen. Auf den ersten Blick ist das oft nicht klar. Verhaltensauffälligkeiten sind dann eigentlich nur Wahrnehmungsbesonderheiten: Du siehst, es ist grob, aber eigentlich ist es nur sehr hungrig und kann das nicht einordnen. Dein Kind tut dir weh, aber es gibt gute Gründe dafür, dass das passiert ist. Dein Kind ist nicht schuld, sondern es muss noch lernen. **Es ist noch nicht so weit.**

Vielleicht ist dein Kind nicht besonders auffällig und anstrengend, sondern entwickelt sich in Sachen Wahrnehmung altersgerecht – ist aber deshalb mit 2 oder 4 Jahren dennoch mittendrin in der Entwicklung. Eventuell gehört dein Kind aber auch zu denjenigen, die sehr auffallen und möglicherweise selbst darunter leiden. Alle diese Kinder müssen sich wahrnehmungsstark entwickeln. Spiele und Handlungen, die das Wahrnehmen verbessern, tun allen Kindern gut. Für manche Kinder ist die Stärkung nur noch etwas wichtiger als für andere.

In hunderten Gesprächen als Familienberaterin ist mir aufgefallen, dass Eltern, die mit einem ähnlichen Thema, zum Beispiel gefühlsstarken Kindern. zu mir kamen, immer wieder auch die gleichen Begleiterscheinungen schilderten. Erst einmal forderte das Verhalten der Kinder die Eltern heraus. Manche waren besonders ängstlich und/oder empfindsam oder aber besonders heftig und fordernd. Und egal ob große Ängstlichkeit oder aber starke Impulsivität die Eltern anstrengte, die Kinder hatten oft einige gleiche Merkmale:

- Schwierigkeiten, ihre Emotionen zu sortieren
- Probleme dabei, innerhalb der Familie und anderswo zu kommunizieren
- grundsätzliche Hemmungen, mit anderen leicht in Beziehung zu gehen

Der Umgang mit anderen Menschen war für sie problematisch. Das lässt sich nicht einfach auf ein „schlechtes Verhalten“ reduzieren. Denn nur das Verhalten ist sichtbar, nicht die vielfältigen möglichen Ursachen: Alter? Wesensart? Erfahrungen? Erziehungsstil zu Hause? Schwierige Umgebung? Besondere Belastungen? Vorliegen einer Störung? Die individuelle Wahrnehmungsart (ohne Krankheitswert!)?

Die drei beschriebenen Bereiche Empfindlichkeit, Verarbeitung und Handeln bestimmen neben der Wesensart eines Menschen eben auch seine **Wahrnehmungssicherheit**: Wie soll ein total wildes Kind, das im Handeln impulsiv ist, in Ruhe wahrnehmen? Wie soll ein hochsensibles Kind, das in der Empfindlichkeit besonders ist, sinnvoll wahrnehmen?

Für die Kinder in meiner Beratung bedeutet dies, dass Impulsivität oder aber Ängstlichkeit mit vielen Herausforderungen Hand in Hand geht – und häufig sind das Wahrnehmungs**un**sicherheiten.

Denke wieder an die Schublade: Wird sie unsortiert befüllt, findest du dein Obstmesser nur umständlich und verzögert. Fehlt Kindern Kompetenz und Sicherheit in der Wahrnehmung, vor allem auch in Bezug auf das Wahrnehmen ihres eigenen Körpers, ...

- tun sie sich im sozialen Miteinander schwer – *„Ich fühle mich (bzw. meinen Körper) nicht gut und dich daher auch nicht!“*
- benötigen sie engen Kontakt zu Bezugspersonen – *„Ich fühle mich und meinen Körper nicht gut und brauche dich daher!“*

- können sie ihre Motorik unter Umständen schlechter händeln – *„Ich fühle mich und meinen Körper nicht gut und bewege mich daher auffallend, um das auszugleichen!“*
- fehlt ihnen vielleicht sogar teilweise eine optimistische Einschätzung ihrer Erlebniswelt. – *„Ich fühle mich und meinen Körper nicht gut und daher auch nicht so viel Zuversicht!“*

Sie stellen sich nicht an. Nein, sie benötigen besondere Unterstützung. Bekommen sie die nicht, kann sich das auf unterschiedliche Bereiche auswirken, zum Beispiel auf den Umgang mit anderen Menschen und auf das Lernen.

Darüber hinaus wurden mir diese Kinder oft auch in anderen Bereichen sehr ähnlich beschrieben. Das hat keine Allgemeingültigkeit, aber es ist insgesamt auffällig:

- ein fehlendes Gespür für Müdigkeit
- ein fehlendes Gespür dafür, wann sie Hunger haben oder aber wann das Sättigungsgefühl einsetzt
- ein fehlendes Gespür dafür, wann sie Entspannung brauchen
- Probleme beim Erkennen, welche Ausmaße ihr Körper hat (so dass sie beispielsweise immer wieder mit der Schulter gegen Türrahmen rennen)
- Probleme beim Erkennen, wie heftig ihre Schläge sind
- ständiges Fallenlassen oder Kaputtmachen von Dingen
- häufiges Vergessen oder Übersehen von Dingen

Die Eltern erleben ihre Kinder also als Menschen, die sich in verschiedenen Bereichen nicht gut fühlen, vor allem auch hinsichtlich der Innenwahrnehmung. Und daher in Konflikte und an besondere Herausforderungen geraten, mit denen Erwachsene sich überfordert fühlen.

> Wenn ich mich nicht gut wahrnehme,
> wie soll ich dich gut wahrnehmen
> und sinnvoll mit dir umgehen?

Das könnte solch ein Kind seine Eltern fragen. Auch deines möglicherweise. Aber es fragt nicht. Du musst hinschauen und tiefer blicken.

Du kennst dein Kind natürlich schon sehr gut. Bereits in der Schwangerschaft haben die Bewegungen in deinem Bauch oder dem deiner Partnerin Verbindung hergestellt. Doch nun hast du eine weitere Brille, durch die du es sehen und besser begreifen kannst: die Brille, die auf die Wahrnehmungsart und -genauigkeit schaut.

- Was ist das eigentlich für ein wunderbarer kleiner Mensch? Was macht ihn besonders? Wie sieht der Ablauf beim Wahrnehmen bei deinem Kind aus?
- Was unterscheidet dein Kind von anderen?
- Welche Sinne hat dein Kind und wie nutzt es sie?
- Wie effektiv ist seine Wahrnehmung?
- Wie sicher ist besonders seine Innenwahrnehmung?
- Was solltest du annehmen als seine absolut unbedenkliche Andersartigkeit?
- Was erschwert ihm das Großwerden vielleicht gerade noch? Wo solltest du unterstützen? Was braucht es, um die Welt und sich selbst gut wahrzunehmen? Andere Hilfen als andere Kinder?
- Kann sich seine Wahrnehmung gut entwickeln mit dem, was es im Alltag einfach so mitbekommt und tun kann? Oder braucht es mehr?

Im Kapitel „Entdecke dein Kind neu“ findest du das heraus.

Was sind typische Probleme vieler Kinder?

Andersartigkeiten und auch Beeinträchtigungen entstehen in der Regel durch Über- oder Unterempfindlichkeit bei einem oder mehreren Sinnes- oder Wahrnehmungsbereichen. Diese stelle ich dir hier vor. In den Fragebögen im nächsten Kapitel kannst du dann schauen, welche Besonderheiten dein Kind möglicherweise mitbringt und welche Bereiche du verstärkt spielerisch fördern kannst. Außerdem schätze ich mit dir ein, ob deine Hilfe ausreicht: bei Andersartigkeit ja, bei Beeinträchtigungen eher nicht.

ÜBEREMPFINDLICHKEITEN KÖNNEN ÜBEREMPFINDLICH MACHEN

Gerade Kinder mit Überempfindlichkeiten können sich auch im Bewerten der Welt überempfindlich zeigen und leichter andere missverstehen. Und sie reagieren wahrscheinlich häufig übermäßig heftig auf ihre Mitmenschen und ziehen so Stress praktisch an. Denn ihr Erleben ist dauerhaft gestresster als bei anderen Menschen. Das solltest du im Hinterkopf behalten, falls du glaubst, dass dein Kind eine Überempfindlichkeit haben könnte.

Probleme beim Sehen

Kurz- oder Weitsichtigkeit sind klassische Komplikationen der Augen. Bei der Verarbeitung hingegen kann das Sehen erschwert werden, wenn das Auge und die Hand nicht richtig gut miteinander kommunizieren. Im Babyjahr entwickelt sich diese Koordination langsam und auch danach benötigt dein Kind Übung, damit die Finger das aufsammeln, was der Kopf ihnen sagt, oder die Hände das Gebilde auf ein Blatt Papier malen, das das Kind im Sinn hat.

Es kann auch beim Thema Empfindlichkeit holpern: Bei einer **Unterempfindlichkeit** ist es einem Kind manchmal nicht gut möglich, etwas Bestimmtes vom Hintergrund abzulösen und allein zu betrachten. Dann kann es vielleicht die Standuhr nicht ablesen, die vor der Mustertapete steht. Oder das Häschen nicht sehen, das zwischen den Tulpen hockt. Und wahrscheinlich wird es sich besonders im Straßenverkehr sehr schwertun. Ein unterempfindliches Kind kann vielleicht eine bestimmte Gestalt auch nicht konstant erkennen, wenn man deren Lage verändert: Öffnet man eine Tür, weiß es nicht mehr, dass diese eine große rechteckige Fläche hat, sondern nimmt nur die Schmalseite wahr und berührt sie daher eventuell in einer Weise, die das Umfeld irritiert.

Manchmal kann ein solches Kind die Lage eines Gegenstandes im Raum nicht begreifen. Liegt etwas vor dem anderen oder doch dahinter? Ist da Abstand? Auch das wird beim Greifen und Gehen beziehungsweise bei Missgeschicken und Stürzen auffallen. Diese Art von Empfindlichkeit ist dann schon sehr beeinträchtigend und gehört in Profihände. Wenn beim Greifen, Fangen, Bauen, Basteln, Malen oder Finden immer wieder Schwierigkeiten auftauchen, die du bei Gleichaltrigen gar nicht bemerkst, kann es sein, dass dein Kind hier wirklich ein Problem hat. Eventuell vermeidet solch ein Kind diese Tätigkeiten deshalb – und nicht aus Trotz oder Trägheit.

Eine andere Besonderheit beim Sehen ist es, wenn ein Kind **überempfindlich** auf Licht reagiert und eher grelle Lampen oder auch Sonnenlicht auffällig rasch für Stress sorgen. Vielleicht trägt dein Kind gern Sonnenbrillen oder mag sein Zimmer eher schwach beleuchtet. Möglicherweise spielt es nicht gern im Schnee oder auf sonnenbeschienenen Wiesen. Lass die Augen beziehungsweise die Sehkraft zur Sicherheit nochmal intensiver checken, wenn etwas Derartiges auffällt. Ist hier alles in Ordnung, ist diese Überempfindlichkeit in der Regel aber unbedenklich. Einfach nur anders.

Probleme beim Hören

Wenn für dein Kind in diesem Bereich Stolpersteine liegen, wirst du das zum Beispiel beim Spracherwerb und beim Sprachverständnis spüren. Dann ist die Frage, ob die Ohren einfach nicht korrekt funktionieren, oder ob es eben wieder erst dahinter bei der Verarbeitung losgeht: Alle Töne kommen an, aber sie werden nicht sinnvoll verstanden. Möglicherweise hat dein Kind auch ein Problem zu orten, woher ein Ton wirklich kommt. Dein Kind wirkt dann sehr unkonzentriert und unruhig. Vielleicht bemerkst du aber auch, dass dein Kind Lautstärke meidet oder aber im Gegenteil selbst besonders heftig verursacht und sucht.

Oder es kann verschiedene Geräusche oder auch Laute nicht gut unterscheiden und entschlüsseln. Es zeigt sich **unterempfindlich:** Statt Fausthandschuh beim Fühlen gibt's hier Watte in den Ohren. Das fällt dann schnell im Umgang mit ihm auf. Sein Handeln wirkt oft nicht sehr sinnvoll, da es deine Worte nicht zu begreifen scheint oder selbst nicht gut formuliert. Vielleicht wirkt es auch so, als könne dein Kind sich Begriffe nie gut merken. All das kann ein Hinweis auf eine andersartige oder auch beeinträchtigte Verarbeitung sein.

Vielleicht ist es **überempfindlich** und schnell überlastet. Dann kann ein Kind sich nicht fokussieren und wirkt leicht ablenkbar. Oft bringen solche Kinder im Grunde nie irgendetwas zu Ende, denn das Gehör bekommt ja ständig Input, und bei einer Überempfindlichkeit ist das andauernd zu viel und zu laut. Das beeinflusst die Konzentration und geplantes Handeln. Eventuell vermeidet ein solches Kind deshalb Geräuschquellen oder sträubt sich vehement gegen Lautes. Manchmal ist die Überempfindlichkeit übrigens sogar so stark, dass eine Person phasenweise eher den eigenen Herzschlag wahrnimmt als Töne von außen, und dass sie dann sogar dadurch irritiert wird.

Hinweis: Wahrnehmung ist notwendig, um sich die Welt anzueignen. Ebenso wichtig wird nach und nach die Sprache. Sie ist ein wichtiger Aspekt beim Verstehen und Sortieren. Gibt es Probleme beim Spracherwerb, sollten Erwachsene viel Verständnis für ein herausforderndes Kind haben. Ohne gutes Sprechen ist es sehr eingeschränkt und natürlich rasch frustriert oder überfordert.

Probleme beim Fühlen mit der Haut oder im Mund

Eigentlich ist die Haut gerade für kleine Kinder ein unglaublich wichtiges Sinnesorgan und jede liebevolle Nähe, die sie hier bekommen können, durch Streicheln, Küssen, Tragen oder Massieren ist eine Unterstützung auf dem Weg zu Bindungssicherheit und guter Stressbewältigung. Aber manchen Kindern machen Berührungen erst Stress! Derartige Probleme fallen im Alltag relativ leicht ins Auge, weil sie im Grunde jeden Tag auftauchen, sobald das Kind berührt wird. Manchmal äußern sie sich aber auch in motorischen Besonderheiten wie Zappeligkeit (weil das Hemd so pikst) oder Missgeschicken im Zugreifen (weil das Berühren so merkwürdig ist), bei denen die Verknüpfung zum Fühlen nicht gleich ersichtlich ist.

Wenn dein Kind nicht genau ausmachen kann, wo es von einem anderen Körper berührt wird, oder auffällig starke Temperaturen oder Schmerzen ertragen kann, liegt wahrscheinlich eine **Unterempfindlichkeit** vor.

Im Mund müssen es bei einer Unterempfindlichkeit oft besonders die intensiven Aromen sein. Diese Kinder stecken sich immer noch vieles in den Mund, wenn Gleichaltrige das schon längst nicht mehr tun, und fallen möglicherweise auch dadurch auf, dass sie sich selbst an Fingern, Zunge oder Lippen knabbern oder lutschen. Sie sind auf Reizsuche. Das alles ist andersartig, aber nicht schlimm.

Verzweifelte Eltern eines viel weinenden Babys hören von allen Seiten, dass sie ihr Kind auf gar keinen Fall in einen Kinderwagen legen sollen, weil eine Trage so viel besser für die Entwicklung ihres Kindes sei, doch der Nachwuchs wird in jeder Tragehilfe fuchsteufelswild. Das kann ein Anzeichen dafür sein, dass das Kind eine **Überempfindlichkeit** mitbringt: vielleicht bei der Reizaufnahme über die Haut, möglicherweise aber auch im Bereich Gleichgewichtssinn oder Lage im Raum. Bei Babys wächst sich dann oft noch aus, weil die Wahrnehmungsentwicklung noch am Anfang ist.

Auf jeden Fall ist es ein Thema der Wahrnehmung über die Haut, wenn dein Kind Berührungen im Gesicht (vielleicht beim Waschen oder Eincremen) oder Kleidung auf der Haut und hier speziell Kratziges oder starke Nähte nicht ertragen kann. Eventuell mag es auch Gras, Sand oder Knete nicht gern anfassen oder legt Wert auf Besteck und eine Serviette am Esstisch, um die Finger nicht benutzen zu müssen. Die Reaktionen solcher Kinder, wenn man sie doch in derartige Situationen bringt, können sehr aggressiv wirken. Auch das ist dann keine böse Absicht und kein Autonomieverhalten, sondern im Grunde einfach Notwehr. Die Andersartigkeit muss gesehen werden.

Gerade in Bezug auf Hitze, Kälte und Schmerz kann es **Überempfindlichkeit** geben – ein Grund, besonders genau hinzuschauen, bevor man einem Kind zuschreibt, „es stelle sich an“. Vielleicht wird der kleine Mückenstich von ihm wirklich deutlich intensiver gefühlt als von anderen. Auch das Fühlen mit dem Mund, den Lippen, der Zunge kann beeinträchtigt sein. Bei einer Überempfindlichkeit sind Kinder schnell irritiert von starken Gerüchen oder Geschmäckern und ungewohnten Konsistenzen. Sie erscheinen deshalb möglicherweise sehr stur und wählerisch. Zwang hat am Esstisch nie etwas zu suchen. Zwingt man ein überempfindliches Kind dennoch zum Essen von Lebensmitteln, die es irritieren, ist das nochmal heftiger als bei normalempfindlichen Kindern. Sie sind einfach nur anders.

Beachte: Wenn ein Baby, das zum ersten Mal von der Picknickdecke aus draußen auf Entdeckungstour geht, das Berühren von Grashalmen oder Sand geradezu eklig zu finden scheint, muss das nicht gleich als Überempfindlichkeit gedeutet werden. Wie gesagt: Wahrnehmung braucht Übung und Erfahrung. Erste Male können einfach je nach Wesensart gleich ganz großartig sein oder eben mit Vorsicht genossen werden.

Probleme mit dem Gleichgewicht

Hat ein Kind Schwierigkeiten mit dem Gleichgewichtssinn, geht das oft auch mit Herausforderungen im Bereich anderer Sinne wie besonders dem Sehen und Hören einher. Das zeigt sich in der Auge-Hand-Koordination (beispielsweise beim Fangen eines Balls), bestimmten Bewegungsabläufen (beispielsweise Balancieren) oder der Raumwahrnehmung (beispielsweise Anecken beim Durchschreiten einer Tür), so dass zahlreiche Probleme im Alltag die Folge sein können. Schaukeln kann als ganz besonders toll empfunden werden oder aber auch als furchtbar. Autofahren ist schon im Babyalter oft eine Katastrophe. (Das gilt für viele Babys, aber bei der Mehrzahl pegelt sich die Wahrnehmung durch Übung gut ein.)

Ist der Gleichgewichtssinn gehemmt, also **unterempfindlich**, werden starke Reize gerne gesucht. Dein Kind fällt vielleicht auf durch Unruhe, ständiges Bewegen, Plumpheit und wenig Risikobewusstsein. Solche Kinder mögen Weite und sind gern draußen. Sie hören aber auch oft Vorwürfe in Bezug auf ihre Wildheit – für die sie aber gar nichts können. Sie brauchen das ständige Bewegen, um sich und die Welt zu spüren. Das gibt ihnen mehr Reizinput. Es kann aufgrund ihrer Wahrnehmungsart zu Verwechslungen mit ADHS kommen. Manchmal steckt dies dahinter, aber manchmal ist es auch bloße Andersartigkeit. Das braucht genaue fachärztliche Untersuchungen.

Liegt stattdessen eine **Überempfindlichkeit** des Gleichgewichtssinnes vor, zeigt sich dein Kind eher ängstlich, unsicher und vermeidend. Den Boden für ein Mäuerchen oder ein Klettergerüst zu verlassen oder sich überhaupt draußen zu bewegen, kann es stark ablehnen – weil das unangenehm ist. Überschaubare Innenräume werden bevorzugt. Das ist erst einmal eine clevere Strategie, um sich sicher und entspannt zu fühlen. Manchmal wird dadurch sogar eine heftige körperliche Reaktion wie Übelkeit vermieden. „Stubenhocker*in" und ähnliche Schimpfwörter sind hier absolut unangemessen. Diese Kinder sind anders und brauchen Unterstützung, um nach und nach aus ihrer vermeidenden Haltung aussteigen zu können.

Probleme mit der Stellung der Körperglieder und der Körperspannung

Schwierigkeiten in diesem Bereich und in Sachen Gleichgewichtsempfinden gehen oft Hand in Hand, weil beide Sinnesbereiche eng verzahnt sind.

Eine **Unterempfindlichkeit** hinsichtlich der Stellung der eigenen Körperglieder erschwert das Planen und Kontrollieren oder auch das Verändern von Bewegungsabläufen. Hier kannst du wieder an das tobende Kind auf dem Sofa zurückdenken, das dir aus Versehen einen Kinnhaken mitgibt, wenn es dich nur umarmen will. Aber auch in kleineren Bewegungen zeigt sich das: Schreiben oder Malen kann schwerfallen, wenn sich ein Kind in dem Bereich nicht gut fühlt. Das verringert sein Arbeitstempo, was oft im Schulalter ein typischer Kritikpunkt ist – doch mit „ein bisschen mehr Mühe geben" und „sich nicht so anstellen" ist es nicht getan. Damit tut man solchen Kindern unrecht. Ihr Wahrnehmungsweg bekommt wegen der Unterempfindlichkeit einfach nicht genügend Informationen, um sinnvoll arbeiten zu können. In jüngeren Jahren kann es zu einem zentralen Konfliktthema werden, wenn sich Kinder mit dieser Unempfindlichkeit nicht allein anziehen können oder sehr unordentlich sind. Auch dann sind Vorwürfe und Unterstellungen in Richtung Trägheit und Absicht deplatziert. Das Kind ist einfach anders.

Du merkst, diese Kinder bekommen häufig Gegenwind. Wenn ein Kind das Gefühl hat, dass alle es „falsch" finden, verursacht das Stress und Unsicherheit. Doch Kinder sind klug. Sie versuchen dann, unbewusst wieder Sicherheit herzustellen. Dabei hilft ihnen das Festhalten und teilweise extreme Klammern an Routinen, das Erwachsene ihnen leicht als Sturheit und Inflexibilität ankreiden. Dann hilft kein Meckern, sondern nur eine Förderung der Wahrnehmung in diesem Bereich. Eine elterliche Begleitung in Beziehung und mit Verständnis kann solche Kinder dabei unterstützen, die Aktivitäten, die ihnen schwerfallen, nicht ständig zu vermeiden, sondern mit Hilfe anzugehen. Üben, üben, üben. In kleinen Schritten.

Ob stattdessen eine **Überempfindlichkeit** hinsichtlich der Stellung der eigenen Körperglieder vorliegen könnte, ist von außen nicht klar festzustellen. Bei diesem Sinn ist der Grad der Empfindlichkeit nicht so leicht ersichtlich wie bei den anderen. Denn sowohl zu wenig Reizmenge als auch zu viel würden in diesem Fall für unkoordiniertes Bewegen sorgen. Und auch alle anderen oben genannten Auffälligkeiten können ebenso bei Überempfindlichkeit gezeigt werden.

Um sich sinnvoll bewegen und greifen zu können, ist außerdem der Grad der Muskelspannung wichtig. Manche Kinder wirken träge, desinteressiert und werden leicht als faul bezeichnet, weil sie hinsichtlich der eigenen Muskelspannung eher unter- oder auch eher überempfindlich sind. Manche reagieren heftig, immer ein bisschen

„zu doll“. Für all diese Kinder ist so oder so alles anstrengender als für andere. Denn entweder benötigen sie extra viel Power, um die Muskeln so sehr anzuspannen, dass ihnen Dinge gelingen, und deshalb lassen sie es eher. Oder diese Kinder verkrampfen schnell, wenn sie etwas halten oder greifen sollen. Stift oder Schere werden übermäßig stark festgehalten, Muskeln zu stark angespannt, weil zu wenige oder zu viele Reize ankommen. Die Dosierung der Kräfte ist dann nicht gut. Das ist anstrengend, sodass solch ein Kind wahrscheinlich schnell müde ist und wenig Spaß dabei hat, ausgiebig zu basteln

Kinder, die unterempfindlich im Bereich Körperspannung sind, haben teilweise Probleme dabei, den Urin einzuhalten. Sie spüren, wann die Blase voll ist, aber können dennoch nicht wirklich etwas dafür, wenn das Unterhöschen nass wird. Sie müssen üben und benötigen Zeit.

Das Differenzieren von Unter- oder Überempfindlichkeit müsste eine Fachkraft übernehmen. Ist ein Kind in seinem Alltag sehr beeinträchtigt, gehört auch hier die Förderung in Profihände.

Probleme mit der Organtätigkeit

Dieser Bereich ist sehr speziell, denn die Wahrnehmung hier läuft so unbemerkt ab. *„Ich habe zu wenig Sauerstoff im Blut, ich muss wirklich mal tief Luft holen“* oder *„Mein Blutdruck ist zu hoch, da muss ich mal gegensteuern“* sind keine Gedanken, die wir im Alltag haben, auch nicht im Erwachsenenalter. Das ist klug eingerichtet, denn sonst hätten wir ganz schön viel Arbeit damit, einfach nur am Leben zu bleiben.

In manchen Situationen ist das Spüren nach innen allerdings wichtig: Schmerzt ständig der Darm aufgrund einer Erkrankung oder drückt der Magen vor Hunger, ist die Kehle sehr trocken, weil zu lange nichts getrunken wurde, oder hat die Blase den höchstmöglichen Füllstand erreicht, sollten wir hinhören und zügig reagieren. Das kann erschwert sein durch eine echte Störung auf körperlicher Ebene im zentralen Nervensystem, aber es kann auch rein durch zu geringe Genauigkeit beim Wahrnehmen zum Problem werden.

Bei einer **Unterempfindlichkeit** wird ein Kind ständig zu spät aktiv werden: Es übersieht Müdigkeitsanzeichen, Urin geht in die Hose, Unterzuckerung kann vorkommen, da nicht rechtzeitig gegessen wird. Das führt natürlich zu Herausforderungen im Alltag, die das Stresssystem anwerfen. Solch ein Kind leidet selbst unter seiner Wahrnehmungsart und das Umfeld wird ihm ebenfalls Stress spiegeln. Es braucht Unterstützung beim Üben, um nicht dauerhaft beeinträchtigt zu sein.

Liegt eine **Überempfindlichkeit** vor, kann ein Kind in seinem Alltag ebenfalls stark gestresst sein. Denn es spürt Reize intensiv und hat ständig das Gefühl, reagieren zu müssen. Und in der Regel wird das ein eher diffuses Gefühl von *„Da ist was mit mir!“* sein als ein klares Verständnis in die Richtung *„Ist das Hunger in meinem Bauch oder nur ein Pups, der raus will?“* Das heißt, das Kind ist sehr herausgefordert mit sich selbst.

Probleme bei der Auswahl oder Unterdrückung von Reizen

Es kann sein, dass die Herausforderungen nicht in Bezug auf einen einzelnen Sinn auftreten, sondern erst, wenn verschiedene Reizaufnehmer die Zusammenarbeit in der Verarbeitung starten: Wie wird sortiert und interpretiert? Die Probleme zeigen sich im Handeln und in der Interaktion mit anderen Personen.

In diesem Bereich wird es allerdings schon sehr komplex. Dennoch sollst du die Problembereiche kennenlernen, damit dein Bild vollständig ist. Wenn du an irgendeiner Stelle unsicher bist, ob dein Kind betroffen sein könnte, ist ein Blick von außen absolut sinnvoll.

Manche Kinder können nicht nur in Bezug auf einen bestimmten Sinn über- oder unterempfindlich sein, sondern insgesamt ein Problem mit der kompetenten Auswahl von Reizen haben: *„Was ist gerade wichtig und was nicht?“* Zum Beispiel kann es sein, dass sie nichts wegfiltern, sondern auf alles reagieren. Manchmal kann das ausgesprochen interessiert, wach und kompetent wirken. Aber solche Kinder sind auch oft gestresst und schlafen dadurch vielleicht schlecht oder sind aggressiv. Oder sie filtern zu viel weg und bekommen dadurch Wichtiges nicht mit. Solch ein Kind wirkt wahrscheinlich oft desinteressiert.

Und manchmal ist es auch so, dass ein Kind nicht nur die Reize hinnimmt, die die Welt ihm bietet, sondern eigenständig nach mehr Input sucht. Von solch einem Kind ist das Umfeld in der Regel leicht genervt, weil es vermeintlich gern ärgert, zum Beispiel dem Bruder jeden Tag die Mütze im Vorbeigehen vom Kopf reißt.

Du merkst es: Kinder, die Probleme bei der Auswahl oder dem Unterdrücken von Reizen haben, fallen ganz sicher auf. Entspannen und konzentrieren fällt ihnen schwer. Sie sind kontinuierlich überfordert, wofür sie leider leicht Schuld zugeschrieben bekommen. Und das ist wirklich nicht gerechtfertigt.

Erinnere dich an den Anfang des Buches: Vielleicht ist der Faktor Zeit entscheidend und diese Kinder brauchen noch etwas mehr Zeit und Übung in Sachen Wahrnehmung. Oder sie funktionieren anders als andere, ohne dass sie falsch oder erkrankt sind. Die Kinder können nicht „einfach mal damit aufhören". Oder sie sind doch beeinträchtigt und förderbedürftig. Das muss eine Fachperson beurteilen.

Probleme beim Verknüpfen der Sinne

Die aufgenommenen Reize können manchmal nicht sinnvoll gelesen und miteinander in Zusammenhang gebracht werden. Es hakt in der Verarbeitung. Vielleicht fällt das schon beim Machen auf: Ein Kind guckt nicht dorthin, wo es aktiv ist, oder es achtet mit dem Gehör auf etwas, das gerade gar nicht relevant ist, sondern eher stört. Möglicherweise passt für sein Gefühl auch Ertastetes nicht richtig mit dem Gesehenen zusammen. Dadurch hat das Umfeld den Eindruck, das Kind benähme sich nicht sinnvoll. Hier liegt vielleicht weder eine Über- noch eine Unterempfindlichkeit in einem der oben genannten Sinnesbereiche vor, dafür aber eine Dysfunktion, ein Mangel im System, ein gestörter Ablauf: wie eine Besteckschublade, die klemmt, kaputte Fächer hat und womöglich ein Loch.

Ein solches Kind hat Probleme dabei, seinen Alltag stark und selbstständig zu bewältigen. Auch diese Kinder fallen auf, in der Regel im Handeln, beispielsweise durch ...

- motorische Ungeschicklichkeit.
- Unsicherheiten im Umgang mit anderen Menschen.
- starke Impulsivität oder anderweitig herausforderndes Sozialverhalten.
- ungutes Dosieren der eigenen Kräfte.
- wenig Konzentration.
- starke Empfindlichkeiten.

Denn wenn ein Mensch sich und die Welt nicht richtig wahrnimmt, kann er oder sie ihr nicht gerecht werden. Auch das ist eine deutliche Beeinträchtigung, die fachliche Unterstützung braucht. Frag bei Zweifeln in eurer kinderärztlichen Praxis nach.

Probleme beim Bewerten von Reizen

In diesem Bereich landen wir wieder bei den Wesensarten. Du hast schon gesehen, dass beispielsweise Schüchternheit oder Wildheit Einfluss darauf haben können, ob Wahrnehmung überhaupt vielfältig und anregend stattfinden kann: Traut sich das Kind in die Welt hinaus oder nicht? Nimmt es sich Zeit? Aber das Wesen kommt unter Umständen noch an anderer Stelle zum Tragen. Denn es kann sein, dass alle Sinne gut funktionieren, es keine Über- oder Unterempfindlichkeiten gibt, alle Reize gut im Gehirn ankommen, aber dann bei der bewertenden Verarbeitung Angst oder aber Forschheit übernehmen.

Ist das hektische Atmen ein Zeichen für einen bevorstehenden Herzinfarkt oder denke ich, vielleicht zu optimistisch, nicht weiter darüber nach? Bedeutet der rumorende Magen, dass ich Durchfall bekomme, oder ignoriere ich voller Optimismus die Geräusche und das Kneifen? Die Sinne spielen hier erst einmal gut zusammen, denn die Reize kommen an. Aber an der Verarbeitungsstelle haben sie bei einigen Menschen keine Chance mehr und werden torpediert, weil die Person möglicherweise sehr ängstlich und negativ oder aber sehr vertrauensselig und zuversichtlich reagiert. Manchmal kann ihre Bewertung richtig sein, aber manchmal auch eine absolute Fehlinterpretation, nämlich zu optimistisch oder zu pessimistisch. So etwas kann beeinträchtigen und auch fachliche, eventuell psychotherapeutische Unterstützung benötigen.

Probleme bei der Planung von Reizen

Eine weitere Schwierigkeit bei der Verarbeitung der aufgenommenen Reize kann an dem Punkt auftreten, an dem eine Person in die Planung ihres Tuns kommt. Normalerweise können auch kleine Kinder irgendwann recht organisiert handeln: erst das eine, dann das andere, und zwar auf diese Weise ausgeführt und nicht auf die andere. Besteht hier jedoch ein Verarbeitungsproblem, fallen sinnvolle und besonders komplexe Abläufe schwer oder ein Kind scheint ständig etwas zu spät dran zu sein mit seiner Reaktion. Solche Kinder starten viele Handlungen gar nicht erst, sondern warten auf konkrete Ansagen und Hilfen. Sie wirken desinteressiert oder langsam, dabei ist das Warten auf Unterstützung einfach ihre Strategie, weil sie selbst tatsächlich keinen Plan haben. Es steckt wieder nichts Boshaftes dahinter, aber eventuell etwas, das in Expert*innenhände gehört. Vieles an Planungsschwierigkeiten kann in den ersten Lebensjahren noch alterstypisch sein und muss nichts mit Wahrnehmungsproblemen zu tun haben, sondern nur mit der normalen Reifung. Daher ist das für uns Eltern auch nicht leicht einschätzbar.

IMMER WIEDER DETEKTIVARBEIT

Interview mit den Ergotherapeutinnen Miriam Engelskirchen und Sarah Blume

Kann ein Elternteil Wahrnehmungsprobleme eindeutig erkennen?

ME: Die Elternsicht ist ein Indiz für eine mögliche Unter- oder Überempfindlichkeit, kein Beweis. Alle Merkmale können auch eine andere Ursache haben. Werden zum Beispiel häufig Dinge in den Mund genommen, kann eine Unterempfindlichkeit dahinterstecken. Es kann auch eine Strategie sein, um Stress abzubauen – wie bei einem Erwachsenen manchmal das Kaugummikauen.

Wie wichtig ist die Einschätzung der Eltern und wie wichtig ist die weitere Betrachtung durch Ergotherapeut*innen?

SB: Im Alltag beobachten das Eltern selbst sehr gut, ohne es fachlich einordnen zu können, deswegen ist das erste Gespräch für uns Ergotherapeuten ein unheimlich wichtiges Instrument neben der Beobachtung der Kinder. Wir stellen den Eltern Fragen nach Schwangerschaft und Geburt, nach den ersten Monaten, dem Verhalten der Eltern und Geschwister. Wir wissen, wenn ein Kind in unserer Therapie noch Geschwister hat, sind die Eltern gefordert, ihre Kraft und Hände auf alle aufzuteilen. Ein drittes oder viertes Kind wird vielleicht nicht so viel getragen wie ein erstes – was eine reine Information für uns ist und keine Wertung. Wir wissen, Kaiserschnittkinder haben die Impression der natürlichen Geburt bezüglich ihrer Tiefenwahrnehmung nicht durchlebt und brauchen dahingehend vielleicht nur einen kleinen Schubs. Wir fragen, ob die U-Untersuchungen beim Kinderarzt alle unauffällig waren und erbitten eventuell einen Blick in das U-Heft. Wir fragen auch: Mag das Kind neue Kleidung? Lässt es sich die Nägel schneiden oder ist das Kampf? Was spielt es gern?

Schaukelt es gern? Rauft es viel? Sucht es von sich aus Körperkontakt oder vermeidet es ihn eher? Wie verhält es sich in neuen Situationen? Wie mit neuen Menschen? Sieht es Gefahr oder überschätzt es sich?

Wann beobachtet man ein Kind am besten?

In nahezu jeder Situation im Alltag sind diese Beobachtungen möglich. In der Ergotherapie selbst machen wir das im freien und/oder geführten Spiel. Hier beruht viel auf Erfahrung. Man schert die Kinder nicht alle über einen Kamm oder drückt ihnen ein Raster auf. Nein, man sieht Komponenten, die sich immer wieder finden und lernt mit den Berufsjahren, diese richtig einzuordnen. Es gibt eine sehr umfassende und detaillierte Fortbildung zu dem Thema, die es uns noch mehr ermöglicht, zu erkennen, welche Zeichen ein Kind vielleicht aufweist. Sicherlich durch meine Berufserfahrung, aber auch durch die Beobachtung meiner eigenen Kinder, habe ich die Fähigkeit, oft schon nach kurzer Zeit sagen zu können, ob ein Kind Anzeichen einer Verarbeitungsstörung zeigt. Vielleicht ist es nur eine Hemmung. Vielleicht bedarf es keiner Therapie, sondern nur ein paar Kleinigkeiten, die die Eltern im Alltag umsetzen können.

Allein wenn du auf die Organtätigkeit blickst, wird die Notwendigkeit von Detektivarbeit deutlich: Immer wieder Tröpfchen in der Unterhose können auf eine Ungenauigkeit bei der Wahrnehmung der Organe, aber auch bei der Wahrnehmung bezüglich der Muskelspannung hindeuten. Doch die Ursache kann eben auch ganz woanders liegen: Ein Kind in der Autonomiephase kann das Nicht-Trockenwerden beispielsweise für sich als Strategie entdecken, wenn es ansonsten keinen Raum für Autonomie spürt: *„Nö, ich geh nicht zum Klo, wenn alle das so wichtig finden.“* Und bei einem Kind mit einem allgemein sehr trägen Wesen kann es genau an dieser Unmotiviertheit liegen: *„Nö, ich geh jetzt noch nicht zum Klo, denn das ist mir zu anstrengend.“*

SO *hilfst* DU DEINEM KIND IM *Alltag*

Im zweiten Teil des Buches geht es jetzt zu euch nach Hause: Wie nimmt dein Kind wahr? Welche Wahrnehmungsfelder solltest du stärken? Wie kannst du dein Kind fitter machen? Wie könnt ihr in guter Beziehung spielerisch Veränderungen angehen? Ich habe für dich eine Fülle von konkreten Impulsen und Ideen, aus denen ihr auswählen könnt.

ENTDECKE DEIN KIND NEU

Viele Faktoren beeinflussen die Entwicklung eines Kindes. Seine Wahrnehmung wird dabei bislang wohl am wenigsten beachtet. Dabei hat sie eine immense Bedeutung für jedes Handeln und Lernen, was dir mittlerweile sicher klar geworden ist. Ist sie bei deinem Kind andersartig als bei dir und anderen oder tatsächlich beeinträchtigt, beeinflusst sie möglicherweise seine Selbstsicherheit. Denn es sieht die Welt ja anders als du und bekommt das vielleicht oft zu hören. Diese Verunsicherung kann auch Konzentration, Motivation oder die Bereitschaft zu kooperieren beeinträchtigen. Du kannst herausfinden, wo dein Kind steht und was es von dir braucht.

Wahrnehmung ist von Mensch zu Mensch verschieden. Manchmal geringfügig, manchmal stark. Unter anderem deshalb nehmen nicht alle Kinder gleich gut wahr und erscheinen manche Kinder Erwachsenen eher als herausfordernd. Wie nimmt dein Kind wahr? Hast du im vorherigen Kapitel angekreuzt, es könne über- oder unterempfindlich, regulationsschwach oder im Handeln auffällig sein? Oder hast du keine Kreuze gesetzt?

Glaubst du, seine Wahrnehmung ist eher nicht andersartig? Ist es eher durchschnittlich empfindlich, empfänglich, stressresistent und handlungsfähig? Bemerkst du keine spezielle Wesensart an ihm? Dann wirst du in den folgenden Fragebögen vermutlich auch nichts Auffälliges ankreuzen. Du hast es wahrscheinlich etwas leichter in der Begleitung, musst dir nicht ganz so viele Gedanken machen. Aber jede spielerische Beschäftigung mit der Wahrnehmung wird auch deinem Kind zugutekommen, denn reifen über die Zeit müssen alle.

Glaubst du, es braucht mehr Unterstützung in Sachen Wahrnehmung? Dann ist der Blick auf dein Kind und auf wahrnehmungsstärkende Aufgaben und Spiele, die dieses Buch im zweiten Abschnitt bereithält, natürlich besonders wichtig. Denn diese Fähigkeiten bilden sich ja nur aus, wenn dein Kind sie übt. Immer und immer wieder. Auch wenn es Fehler und Frust erlebt. Bleib dran. Das ist wie mit Vokabeln: Die Wiederholung macht's. Und zwar ohne Stress und Druck.

> Wenn ein Kind für mich herausfordernd ist,
> weil es z. B. eher pessimistisch und/oder eher eng
> an Routinen gebunden ist, hilft es nicht, das zu kritisieren.
> Der erste Schritt ist erkennen. Anerkennen.
> Ich seh dich wie du bist. Und von da an geht es weiter.
>
> @HummelFamilie auf Twitter

Wie dein Kind tatsächlich wahrnimmt, wie wahrnehmungssicher es ist und was ihm vielleicht den Alltag erschwert, kannst du nun noch genauer entdecken und deine erste Einschätzung absichern. Mithilfe der folgenden Fragebögen wird es dir möglich sein, nach der Auswertung gezielt auszuwählen, aus welchen Bereichen du Wahrnehmungsspiele nutzen solltest.

Die Fragebögen: In welchen Bereichen kannst du mit deinem Kind üben?

Die folgenden zwei Fragebögen befassen sich einmal mit dem Wesen und einmal mit der Empfindlichkeit deines Kindes bezogen auf seine Wahrnehmung. In ihnen sind verschiedene Wahrnehmungsbereiche und mögliche Besonderheiten aufgelistet. Denke bei deinen Antworten nicht an extreme, vereinzelte Momente, sondern schaue darauf, wie dein Kind sich in den meisten Fällen zeigt. Könnte es beispielsweise sein, dass dein Kind eine **Unter- oder Überempfindlichkeit** in Bezug auf einen Sinnesbereich zeigt? Und dass sich das auf sein Empfinden und sein Verhalten auswirkt? Solltest du diesen Schwerpunkt gezielt spielerisch anregen?

Bitte bedenke, dass sich alle Bereiche von Geburt an noch enorm entwickeln und die Fähigkeiten verschiedener Kinder mit 2, 4 oder 6 Jahren allein deshalb unterschiedlich sind. Daher frage dich: Nimmst du die Andersartigkeit vor allem im Vergleich mit Gleichaltrigen als sehr auffällig wahr? Behindert sie dein Kind ständig und schon eine ganze Weile?

Solltest du beim Antworten sehr unsicher sein, sprich gern noch mit anderen Bezugspersonen. Oft ist die Betrachtung von Wahrnehmungsarten so verflochten wie das Lösen eines Kriminalfalls. Du kannst etwas übersehen oder überinterpretieren. Der Fragebogen und deine Antworten sind ein erstes, gutes Indiz, damit du dein Kind besser sehen und verstehen sowie schließlich auch passend begleiten und fördern kannst. Erinnere dich an die Einleitung: Das Buch richtet sich insbesondere an Eltern mit gesunden, nur manchmal herausfordernden Kindern. Es ersetzt keine Diagnostik für beeinträchtigte Kinder.

Es geht darum, wie du dein Kind siehst. Und dank deines neuen Wissens rund um Wahrnehmung kannst du es jetzt viel differenzierter sehen als vorher. Nimm dir einfach Zeit, dein Kind gut kennenzulernen, um dann gezielt auszuwählen, welche Spielideen zur Wahrnehmungsstärkung du nutzen möchtest.

Solltest du die Fragebögen lieber nicht in diesem Buch ausfüllen wollen, kannst du sie dir auch über diesen QR-Code herunterladen und ausdrucken. https://www.humboldt.de/product/9783842616998/mit-allen-sinnen-wachsen

So nimmt dein Kind die Welt wahr – Sein Wesen

Der erste Fragebogen hilft dir dabei, das Wesen deines Kindes bezüglich seiner Wahrnehmung besser zu verstehen und zu beschreiben. Wie nimmt es die Welt mit seinen Sinnen auf, wie verarbeitet es diese Reize, wie kommt es ins Handeln? Er hilft dir einzuschätzen, wie wahrnehmungsstark es schon ist und in welchen Bereichen eine Stärkung besonders hilfreich sein kann.

Halte deine Einschätzung zu jedem Bereich fest, indem du dort ein Kreuz auf der Skala machst, wo du dein Kind verortest. Das Kreuz muss keinesfalls ganz links oder ganz rechts klar einem der beiden Begriffe zugeordnet werden. Nutze stattdessen die ganze Skalenbreite: Auf welcher Seite siehst du dein Kind, wie dicht am jeweiligen Pol? Oder eher mittig ausgeglichen? Manche Skalen haben auch einen eindeutigen Begriff, der der Mitte zugeordnet ist.

EMPFINDLICHKEIT

aufmerksam	unaufmerksam
entspannt	schnell überreizt
hart im Nehmen	schnell betroffen
neugierig	ablehnend
optimistisch	pessimistisch

VERARBEITUNG

eigenständig	Hilfe holend	abhängig
mutig		anhänglich
optimistisch		pessimistisch
Entspannungssuche fällt leicht		Entspannungssuche fällt schwer
gelassen		wütend
leicht zu beruhigen		schwer zu beruhigen

HANDLUNG

Blickkontakt fällt leicht	Blickkontakt fällt schwer
blickt neugierig hier und da hin	starrt Menschen oder Dinge an
aufgeschlossen	ablehnend

HANDLUNG

übermütig	interessiert	zurückhaltend
gewissenhaft		nachlässig
konzentriert/planvoll		unkonzentriert/sprunghaft
mag Situationswechsel		ist gestresst von Übergängen
furchtlos		ängstlich
sanft		aggressiv/wütend
motorisch eher ruhig		motorisch unruhig
bewegt sich kontrolliert		fällt oft hin
überlegt		spontan
kooperativ		wettkämpfend
mitfühlend		egozentrisch
flexibel		eng an Routinen gebunden/ stur
zügig		langsam
selbstständig		angewiesen auf Vorgaben
handelt sinnvoll		handelt unverständlich
beziehungsstark		hat Probleme, Beziehungen zu knüpfen

Auswertung: Sein Wesen

Blickst du nun auf den bearbeiteten Fragebogen, kannst du daraus verschiedenes mitnehmen. Das Wichtigste vorweg: Kein Ende einer Skala bedeutet „besser“ oder „schlechter“. Was du über das Wesen deines Kindes herausgefunden hast, hilft dir dabei, dein Kind von jetzt an noch besser, noch fairer zu sehen.

Jedes Kreuz weit rechts im ersten Fragebogenabschnitt zum Wesen deines Kindes ist eher eine Herausforderung. Vielleicht hat dein Kind ein eher **empfindliches** Wesen, eine eher komplizierte **Verarbeitungsart** oder zeigt ein eher forderndes **Handeln** und unterscheidet sich damit von Gleichaltrigen. Wahrscheinlich unterscheidet es sich darin auch von dir und die angekreuzte Ausprägung ist wohl mit dafür verantwortlich, dass ihr oft aneinandergeratet.

„Seine Art stresst mich so, aber ich weiß ja, dass er schnell überreizt ist und dass das heute mal wieder der Grund war“ oder *„Immer muss sie sich mit ihrer Schwester zanken. Aber ich weiß ja, dass sie innerlich dauernd Wettkampf sucht“* und *„Mein Kind schafft es momentan noch nicht anders.“* Diese Perspektive wird dich vielleicht nach und nach etwas erleichtern und eurer Beziehung guttun. Du kannst nämlich besser ausmachen, warum dein Kind meist so handelt, wie es handelt.

Alle Bereiche, die weit rechts ein Kreuz erhalten haben, ...

- kannst du dir plakativ notieren, damit du im Alltag im Kopf hast, was dein Kind ausmacht. Hänge die Notiz an deinen Kleiderschrank, in den Flur oder an den Badezimmerspiegel. So erinnerst du dich leichter daran, dass du dein Kind nicht dafür verurteilen solltest.

- kannst du dir immer wieder auch auf dem Fragebogen anschauen, wenn du mit deinem Kind im Alltag aneinandergerätst. So kannst du dich daran erinnern, dass bestimmte Verhaltensweisen stark in seiner Wesens- und Wahrnehmungsart begründet sein können, nicht in einer bösen Absicht.
- sind keine Ausrede, auf der du dich mit deinem Kind ausruhen solltest und die alles entschuldigen können. *„Es ist halt so"* sollte immer nur der erste Schritt sein, nicht der einzige. Stattdessen ist der richtige Blick der folgende: *„Es ist halt so und deshalb benötigt es hier besondere Nachsicht und dort besondere Unterstützung."* Verstehen und helfen. **Aktives Annehmen** nenne ich das.
- sind Motivation für dich, dein Kind wahrnehmungsstärkend zu begleiten, indem du querbeet die Anregungen aus den nächsten Kapiteln nutzt. Denn wenn es (sich) gut wahrnimmt, kann es auch mit eher herausfordernden Ausprägungen nach und nach besser umgehen.
- bedeuten in der Regel nicht, dass bei deinem Kind wirklich etwas beeinträchtigt und therapiebedürftig ist. Aber wenn dich die Ausprägungen sehr belasten, kannst du sie mit Fachpersonen (zum Beispiel Kita- oder Schulpersonal), die dein Kind gut kennen, durchsprechen: Wie ist ihr Eindruck?

Wenn du offen mit Fachkräften darüber sprichst, können sie dir wahrscheinlich auch helfen, mögliche weitere Gründe zu entdecken, die zu dem Verhalten führen, das dein Kind zeigt. Sie müssen nichts mit Wahrnehmung zu tun haben. Denke an die anderen möglichen Faktoren wie Erziehungsstil, Belastungen und so weiter aus der Aufzählung am Anfang des Buches. Nutze den Fragebogen und deine Notizen für die Gespräche.

Hast du angekreuzt, dass dein Kind eher unaufmerksam, schnell überreizt und/oder schwer zu beruhigen ist, solltest du im Alltag besonders auf Entspannung, geringen Stress und wenige Termine achten. Dann bekommt dein Kind mehr Chancen, Wahrnehmung gut zu üben. Sorge für Lerngelegenheiten.

Hast du etwas hinter der Frage „Welcher Sinn scheint wenig genutzt zu werden?“ eingetragen, ist das ein Bereich, aus dem du in den nächsten Kapiteln des Buches Impulse für euren Alltag auswählen solltest.

Frag bei Bedarf Profis!
Hast du bei den Skalen zur Empfindlichkeit mehr als 2 Kreuze rechts gesetzt und/oder bei Verarbeitung mehr als 3 und/oder beim Handeln mehr als 6, schau auf jeden Fall mit einer Fachperson darauf, ob die von dir gesehenen Ausprägungen einfach wesenstypisch oder vielleicht auch nur altersgerecht sind, oder aber ob andere Bereiche aus dem Kapitel „Warum habt ihr ständig Stress?“ eventuell pädagogische Unterstützung oder ärztliche Abklärung benötigen.

So nimmt dein Kind die Welt wahr – Seine Empfindlichkeit

Der zweite Fragebogen befasst sich mit allen Sinnen deines Kindes, denen nach innen und denen nach außen. Wie empfindlich sind sie jeweils? Das wird dir helfen, gezielt zu stärken, wo es nötig ist.

Wo siehst du dein Kind in den folgenden Bereichen? Am besten kreuzt du zuerst hinter den einzelnen Aspekten in den dafür vorgesehenen Kästchen an, wenn sie zutreffen.

Für die Außenwahrnehmung gilt: Setzt du mehr Kreuze links, ist dein Kind wahrscheinlich eher unterempfindlich und du kannst das dann so auf der darüberliegenden Skala vermerken. Setzt du mehr Kreuze rechts, ist dein Kind wahrscheinlich eher überempfindlich und du kannst auf der darüberliegenden Skala eher rechts ein Kreuz setzen. Vielleicht bemerkst du auch keine Auffälligkeiten oder eine Ausgeglichenheit, dann setze dein Kreuz auf der darüberliegenden Skala mittig. Das würde bedeuten, dass dein Kind ein unempfindliches Wesen hat und mögliche Schwierigkeiten zwischen euch wohl andere Ursachen haben.

Bei den Sinnen nach innen wird dir (außer beim Gleichgewicht) auffallen, dass die Auffälligkeiten keiner Seite zugeordnet sind. Sie können auf Unter- oder Überempfindlichkeiten hindeuten. Setzt du hier ein oder mehrere Kreuze, kannst du auf der darüberliegenden Skala einfach ein Kreuz auf beiden Seiten machen: Der Bereich ist wahrscheinlich besonders und sollte spielerisch gefördert werden. Aber das erfährst du im Kapitel „Die Auswertung“ noch genauer.

Sehen (Außenwahrnehmung)

unterempfindlich	überempfindlich
◯ Erkennen von Gegenständen fällt deinem Kind auffallend schwer.	◯ Dein Kind lehnt Grellbuntes auffallend stark ab.
◯ Dein Kind betrachtet Dinge und Menschen auffallend lange.	◯ Dein Kind bevorzugt eher spärliches Licht.
◯ Sinnvolle, „unfallfreie" Motorik scheint deinem Kind schwerzufallen.	◯ Deinem Kind passieren viele koordinatorische Missgeschicke.
◯ Dein Kind betrachtet Glänzendes oder sich Bewegendes intensiv.	
◯ Farben und Formen sind für dein Kind schwer zu unterscheiden.	

Hören (Außenwahrnehmung)

unterempfindlich	überempfindlich
◯ Zu erkennen, woher ein Geräusch kommt, fällt deinem Kind schwer.	◯ Das Lautstärkeempfinden deines Kindes erscheint auffällig.
◯ Sprechen oder Sprache zu verstehen, fällt deinem Kind schwer.	◯ Dein Kind schützt sich gern vor Krach.
◯ Die Reaktion deines Kindes auf Ansprache ist auffällig langsam.	◯ Dein Kind erschrickt schnell bei starker Lautstärke.
◯ Dein Kind reagiert oft erst auf laute Ansprache.	◯ Dein Kind wirkt in lauter Umgebung häufig abgelenkt.
◯ Dein Kind sorgt gern selbst übermäßig oft für Lautstärke.	

Fühlen (Haut, Außenwahrnehmung)

unterempfindlich	überempfindlich
◯ Schmutz fällt deinem Kind nicht auf.	◯ Berührungen stressen dein Kind.
◯ Dein Kind berührt Menschen oder Gegenstände geradezu unangenehm intensiv.	◯ Körperpflege stresst dein Kind.
◯ Dein Kind knetet das Essen oder spielt häufig mit den Fingern damit.	◯ Kleidung stört dein Kind.
◯ Dein Kind verletzt sich ausgesprochen häufig und unerwartet.	◯ Das Schmerzempfinden deines Kindes ist auffällig.
◯ Abwechslungsreich zu essen fällt deinem Kind schwer.	◯ Das Temperaturempfinden deines Kindes ist auffällig.
◯ Dein Kind muss häufig würgen.	◯ Schmutz stört dein Kind extrem.
◯ Dein Kind erkundet Gegenstände öfter als Gleichaltrige noch mit dem Mund.	
◯ Lebensmittel müssen für dein Kind besonders intensiv schmecken.	
◯ Dein Kind kaut, lutscht oder beißt häufig an Fingern, Haaren, Lippen oder der Zunge.	

Gleichgewicht (Innenwahrnehmung)

unterempfindlich	überempfindlich
◯ Dein Kind möchte ständig schaukeln und andere rhythmische Bewegungen ausführen.	◯ Dein Kind wehrt sich dagegen, auf dem Rücken zu liegen.
◯ Dein Kind bewegt sich dauernd.	◯ Autofahren war oder ist ein Problem für dein Kind.
◯ Beim Bewegen passieren deinem Kind ständig Missgeschicke.	◯ Beim Schaukeln wird deinem Kind übel.
◯ Beim Bewegen sucht dein Kind ständig extreme Risiken.	◯ Dein Kind meidet wackelige Untergründe.
◯ Dein Kind zeigt sich auffallend wild.	◯ Dein Kind meidet große Höhen.
◯ Die Bewegungsabläufe deines Kindes sind auffallend umständlich.	

Stellung der Körperglieder (Innenwahrnehmung)

unter-/überempfindlich
◯ Beim Bewegen passieren deinem Kind ständig Missgeschicke.
◯ Sich zu bewegen, fällt deinem Kind schwer.
◯ Die Bewegungen deines Kindes wirken sehr steif.
◯ Die Bewegungen deines Kindes wirken sehr schwach.

Muskelspannung (Innenwahrnehmung)

unter-/überempfindlich

- ◯ Beim Bewegen passieren deinem Kind ständig Missgeschicke.
- ◯ Dein Kind erklärt häufig, dass ihm etwas zu anstrengend ist.
- ◯ Sich zu bewegen, fällt deinem Kind schwer.
- ◯ Dein Kind spürt sich gern unter schweren Decken o. Ä.
- ◯ Dein Kind geht auffallend laut und kräftig.

Organtätigkeit (Innenwahrnehmung)

unter-/überempfindlich

- ◯ Dein Kind klagt häufig über Schmerzen.
- ◯ Entspannung zu suchen, fällt deinem Kind schwer.
- ◯ Müdigkeit einzuschätzen, fällt deinem Kind schwer.
- ◯ Schlafen ist ein schwieriges Thema für euch.
- ◯ Trocken zu werden, fällt oder fiel deinem Kind schwer.
- ◯ Hunger einzuschätzen, fällt deinem Kind schwer.
- ◯ Durst einzuschätzen, fällt deinem Kind schwer.
- ◯ Essen ist ein schwieriges Thema für euch.

Wenn ein Sinn in seiner Genauigkeit ausfällt, kann es sein, dass ein anderer Sinn untypisch intensiv genutzt wird. Kann ein Kind zum Beispiel nicht gut sehen, wird es wahrscheinlich versuchen, seine Umwelt intensiver zu befühlen. Fällt dir bei diesen Gedanken noch etwas zu deinem Kind ein: Welcher Sinn scheint wenig genutzt zu werden? Welcher Sinn scheint vielleicht intensiv genutzt zu werden? Notiere dir auch diese Gedanken.

Auswertung: Seine Empfindlichkeit

Was du in diesem Fragebogen über die Empfindlichkeit deines Kindes herausgefunden hast, bestimmt, wie du mit diesem Buch weiterarbeiten solltest.

Im ersten Schritt notiere dir plakativ alle Bereiche, bei denen du eindeutig ein Kreuz bei Unter- oder Überempfindlichkeit gemacht hast, damit du im Alltag daran denkst. Zukünftig kannst du gütiger auf dein Kind schauen, weil du erkannt hast, wie seine Wahrnehmungsart sein Handeln beeinflusst.

Und möglicherweise braucht nicht dein Kind besondere Hilfestellungen, sondern du brauchst Unterstützung im Umgang mit deinem Kind, weil dir das Annehmen seiner Wesensart schwerfällt? *„Überempfindlich? Das ist mir richtig peinlich vor anderen!“* oder *„Vermeidend durch die Unterempfindlichkeit ... das kann ich so schwer aushalten!“* – Falls du das spürst, suche dir familienbegleitende Hilfe.

Schau dir **im zweiten Schritt** alles genau an und überlege, ob du Zusammenhänge siehst:

Ist dein Kind beispielsweise so aufmerksam und anhänglich, weil es wegen eines andersartigen, eher unterempfindlichen Sehsinns sonst gar nichts mitbekäme?

Ist es herausfordernd aufgrund eines überempfindlichen Hörsinns, besonders in seiner großen Kita mit schlechtem Betreuungsschlüssel oder wenn euer Wochenplan mit Terminen voll ist? Aber ansonsten kommt es mit seiner überempfindlichen Wahrnehmungsart ganz gut zurecht?

Ist es später dran mit Schaukeln & Co. als Gleichaltrige, aber macht kleine Fortschritte? Dann ist dein Kind wahrscheinlich nur langsamer, aber die Abweichung ist unbedenklich. Vielleicht schätzt das Umfeld dein Kind falsch ein und sein Tempo ist altersgemäß im Durchschnitt oder zumindest im Rahmen der unbedenklichen Entwicklungsspanne. Denk ans Laufen: Der erste Schritt kann im Alter von 10 oder 20 Monaten stattfinden, beides ist okay. Aber nach dem ersten Geburtstag kommen meist schon die ersten Unkenrufe. – Die Sache mit den kleinen Fortschritten ist wichtig. Siehst du sie? Dann ist dein Kind einfach nur anders als viele andere.

Bei der Suche nach Zusammenhängen kann unter Umständen auch die Rücksprache mit anderen Bezugspersonen deines Kindes helfen.

Im dritten Schritt solltest du für den oder die Bereiche, in denen du eine Unter- oder Überempfindlichkeit festgestellt hast, Ideen aus den entsprechenden Folgekapiteln heraussuchen, um dein Kind hier wahrnehmungsstärker zu machen. Ist es beispielsweise in deinen Augen unterempfindlich im Sehen, lies das dazugehörige Kapitel ab S. 204. Ist es aus deiner Sicht überempfindlich beim Thema Gleichgewicht, nutze das dazugehörige Kapitel ab S. 184 usw.

Außerdem solltest du mit deinem Kind die Ideen aus den Kapiteln „Wie sprichst du viele Sinne auf einmal an?“ und „So stärkst du das Bewegen“ ausprobieren. Sie helfen allgemein bei der Ausbildung guter Wahrnehmungsstärke und -sicherheit.

Der Faktor Leid

Musst du noch mehr tun? Externe Hilfe hinzuziehen? Ich helfe dir, das zu entscheiden:

Ist dein Kind beispielweise sehr unaufmerksam und das führt zu vielen Problemen in eurem Miteinander, ist das ein Thema, das ihr gemeinsam in Angriff nehmen solltet; in Rücksprache mit eurer kinderärztlichen Praxis mit fachärztlicher Hilfe. Spielt die Unaufmerksamkeit in eurem Alltag keine ständige Rolle, musst du auch nichts unternehmen. Dein Kind ist vielleicht anders als andere, aber mehr auch nicht.

Ist es schnell überreizt und das löst ständig schwierige Alltagssituationen aus, solltet ihr diesen Bereich angehen. Kann es mit der Überreizung recht eigenständig zurechtkommen und sich Pausen suchen, musst du nicht unbedingt etwas unternehmen. Dein Kind ist anders als andere, ohne dass es darunter leidet.

Ist es besonders pessimistisch und dieser Blick auf die Welt erschwert es deinem Kind fast täglich, Lebensfreude zu empfinden, solltest du dringend genauer hinschauen, was da los ist. Äußert es sich immer wieder eher miesepetrig, aber ohne, dass es ansonsten leidet, ist das eben seine Art. Anders als viele andere, aber nicht defizitär.

Und so weiter. Frag dich immer:

- Gibt es ein Problem? Und für wen? Für dein Kind? Für dich? Für andere?
- Besteht das Problem nur aufgrund von Wahrnehmungsunterschieden?
- Oder was ist die Ursache?
- Besteht das Problem über lange Zeit und verändert sich gar nicht, wird vielleicht sogar eher heftiger?

Beantwortest du diese Fragen und stellst fest, dein Kind zeigt zwar eine starke Ausprägung in einem der Bereiche, aber ohne, dass dies ständig Stress in eurem Alltag bedeutet, musst du diese Besonderheit also gar nicht genauer beachten.

Der Faktor Zeit

Tagtägliche Wahrnehmungsförderung in guter Beziehung zu Hause ist immens wichtig und oft ausreichend. Wenn der Bereich trotz

Arbeit mit diesem Buch auch in einem halben Jahr noch keine Veränderung zeigt und den Alltag deines Kindes stark zu belasten scheint, vergiss nicht, auch medizinisch nochmal genauer hinsehen zu lassen. Zum Beispiel in einer augenärztlichen oder einer HNO-Praxis, die vielleicht etwas bemerkt, das in den Vorsorgeuntersuchungen ohne fachärztliche Begleitung nicht aufgefallen ist.

Du kannst dann auch einen Termin in eurer Kinderarztpraxis ausmachen. Vielleicht wirst du weitergeschickt, um eine ergotherapeutische oder auch kinder- und jugendlichenpsychotherapeutische Einschätzung einzuholen. Frag einfach nach. Denn vielleicht ist dein Kind wirklich beeinträchtigt, hat tatsächlich Schwierigkeiten und fühlt sich benachteiligt. Das Umfeld spricht rasch von „verhaltensauffälligen Kindern“ und hat damit nicht ganz unrecht, doch das Verhalten ist ja nur die Spitze des Eisbergs. Und diese Aussage meint landläufig auch eher „schlecht erzogene“ oder gar „bösartige“ Kinder. Es ist gut möglich, dass es eben eigentlich „wahrnehmungsauffällige Kinder“ sind und zum Teil auch Kinder mit einer diagnostizierbaren psychischen Erkrankung. **Verschiedene Auffälligkeiten haben gute Gründe.** Doch wir von außen sehen auf Anhieb nicht ihr Leiden, sondern nur ihre zweitrangigen Probleme. Das Kind macht etwas falsch, das Kind macht etwas schlecht?! Ändere den Blick: Es geht ihm schlecht. Das Miteinander von Umfeld und Kind ist irgendwie falsch. Erschwert. Es muss dahinter geschaut und nach den Ursachen gesucht werden. Das solltest du angehen, wenn Zeit und Übung nichts zu verändern scheinen.

Es kann dir passieren, dass du mit Fragen zur Wahrnehmungsart deines Kindes nicht ernst genommen wirst. Lass dich nicht abstempeln als Elternteil, das Ausreden sucht. Denn es geht ja nicht um fadenscheinige Erklärungen oder Schuld – es geht um Veränderung. Breites Hinsehen. Verbesserungen für dein Kind. Und du gehst sie an. Vielleicht ist Wahrnehmung ein bislang übersehener Bereich bei ihm, vielleicht nicht. Aber wenn ihr dauerhaft Probleme habt, sollte auch dieser Bereich abgeklärt werden.

MANCHE WAHRNEHMUNGSPROBLEME SIND SEHR LANGWIERIG

Tatsächlich bestehende Defizite im Bereich Wahrnehmung kannst du betrachten wie ein kaputtes Knie, das zunächst mal verhindert, dass dein Kind laufen lernt: Es gibt zahlreiche Fördermöglichkeiten (auch zu Hause!), die dazu beitragen können, dass Laufen trotz des kaputten Kniegelenkes irgendwann problemlos klappen kann, aber eventuell wird auch immer auffallen, dass dein Kind sich etwas anders bewegt als andere. Mit der Wahrnehmung ist es genauso. Manchmal ist beispielsweise therapeutische Arbeit nötig. Oft hilft sie dann sehr umfassend, aber manches bleibt möglicherweise. Und das kann bedeuten, dass sich Folgeprobleme ergeben. Beim Knie wären vielleicht auch Tanzen, Schwimmen oder Skifahren betroffen. Bei der Wahrnehmung sind es möglicherweise Motorik, Verhalten im Umgang mit anderen oder sogar die eigene Lebenszufriedenheit.

Der Faktor Überforderung

Wenn dein Kind sich auch bei liebevoller Begleitung ohne Druck ständig dagegen sträubt, wahrnehmungsstärkende Spiele und Aufgaben zu machen, ist es gut, Hilfe von außen dazuzuholen, um auszuschließen, dass etwas Wichtiges übersehen wurde und sich ein Wahrnehmungsbereich vielleicht sogar verschlechtert.

Fachkräfte können genau diagnostizieren und darauf achten, dass dein Kind nicht über- oder unterfordert ist. Außerdem können sie dich genauer anleiten, was du im Alltag tun solltest, welche Hobbys ihr ausprobieren könntet oder wie du dein Kind zum „Arbeiten" mit dir motivieren kannst.

Auch professionell angeleitete Entspannungsmethoden, die ein Kind darin stärken, insgesamt aufnahmefähiger für Reize zu werden, sind manchmal sinnvoller als Versuche, ihm diese Praktiken zu Hause mitzugeben. Und meist ist eine Fachkraft auch eine weitere gute, wichtige Bezugsperson für jedes Kind und stärkt allein dadurch, weil das Beziehungsnetz dichter gewebt wird: Dein Kind fühlt sich von noch mehr Händen getragen, von noch mehr Augen gesehen, mit Glück sogar von noch mehr Herzen geliebt.

Und wenn du Schwierigkeiten in der Beziehung zu deinem Kind siehst oder deine Ressourcen oder eure Umgebung eine bestärkende Begleitung nicht hergeben, solltest du ebenfalls Unterstützung suchen. Möglicherweise kann eine Erziehungsberatung helfen. Jedes Lernen, auch das im Bereich Wahrnehmung(-sverarbeitung) benötigt gute Beziehungen und ein sicheres Umfeld. **Ab 5 Jahren** kannst du den Fragebogen als Gesprächshilfe nutzen. Am besten nutzt du dann Beispiele: *„Aufmerksam meint, ob du dich sehr anstrengen musst, um zum Beispiel alle Regeln im Kindergarten mitzubekommen, wenn ihr einen Ausflug macht, oder ob das eigentlich von allein läuft. Was denkst du?"* und *„Optimistisch ist, wenn du erwartest, dass ein Plan gut ausgeht. Oder siehst du eher, was alles schieflaufen könnte?"* Bring die Begriffe also in Verbindung mit seiner Lebensrealität. Etwa ab dem Vorschulalter wird dein Kind sicher spannende Gedanken zu den Bereichen haben: ab 5 Jahren

- Wie schätzt es sich ein?
- Welche Rückmeldungen bekommt es von anderen?
- Womit fühlt es sich unwohl?
- Was mag es an sich?
- Welche Situationen fallen ihm leicht?
- Was würde es gern verändern?

Egal, welches Problem du im Umgang mit deinem Kind spürst: Es ist immer gut, es nach seiner Sicht zu fragen. Und wenn es häufig in schwierige Situationen gerät, die wahrscheinlich mit seiner Wahrnehmung zusammenhängen, helfen deinem Kind die Gespräche mit dir dabei, sich endlich nicht mehr „falsch" zu fühlen. Auch dein Kind kann lernen, sich anzuerkennen.

Alle derartigen Gespräche solltest du in ruhiger Atmosphäre mit deinem Kind führen und auf gar keinen Fall in einem emotional fordernden Moment wie einem heftigen Konflikt.

Dein neuer Blick

Nun hast du mithilfe der Fragebögen eine gute Einschätzung zu deinem Kind treffen können. Vielleicht hast du auch mit anderen Bezugspersonen oder Fachpersonal auf den ein oder anderen Bereich genauer geschaut. Neben den Anregungen, die du gleich von mir bekommst, um die Wahrnehmung deines Kindes zu stärken, hilft es euch im Alltag auch, wenn du deinen Blick neu ausrichtest:

Blicke positiver auf dein Kind
Fällt es dir allgemein schwer, positiv auf dein Kind zu schauen, weil sein Wesen dich oft fordert oder viel Gegenwind aus eurem Umfeld kommt? Dann kann es eine zusätzliche Hilfe sein, den guten Seiten bewusst auf die Schliche zu kommen. Denn im Grunde haben alle Eigenheiten, die du mit den Fragebögen feststellen konntest, auch gute Seiten. Und es gibt bestimmt viel mehr Schönes an deinem Kind, als du und euer Umfeld bisher seht: Es ist herausfordernd in seiner Impulsivität, aber möglicherweise ein kreativer Geist oder mag gegen den Strom schwimmen anstatt blind Ja zu sagen. Oder es ist herausfordernd in seiner Zurückhaltung, aber erfreut andere mit seinem Sinn für Schönes oder ist ausgesprochen charmant.

Stell dir unbedingt die Fragen: Was ist denn an der Art, wie mein Kind die Welt wahrnimmt, richtig toll? In welchen Momenten hilft ihm sein So-Sein? Könnte das im Erwachsenenalter eine richtig gute Eigenschaft sein, die einfach nur jetzt als störend empfunden wird?

Ein Stärkefragebogen wie ihn beispielsweise die Psycholog*innen Stefanie Rietzler und Fabian Grolimund eigentlich für Kinder mit ADHS entwickelt haben, kann auch dir helfen, dein Kind in all seinen Facetten wahrzunehmen und eure Verbindung vertiefen.

Hier geht es zum Stärkefragebogen von Stefanie Rietzler und Fabian Grolimund: https://www.lernen-mit-adhs.ch/wp-content/uploads/Stärkefragebogen_L.pdf

Allein die Tatsache, dass du bis jetzt mithilfe dieses Buches intensiv auf dein Kind geschaut hast, stärkt eure Beziehung. Das neue Wissen gibt dir Sicherheit, die auch dein Kind spürt, wenn du mit ihm umgehst. Es ist ein großer Unterschied, ob es sich im Alltag kontinuierlich von seinen engsten Bezugspersonen negativ bewertet fühlt oder verstanden in seinem So-Sein. Gerade wenn es etwas anders „funktioniert“ als andere.

Blicke auch auf dich

Du beschäftigst dich jetzt intensiv mit deinem Kind, um es gut zu verstehen. Wenn du Lust hast, noch mehr für die Eltern-Kind-Beziehung zu tun als ohnehin schon, dann kannst du die Skalen unter „So nimmt dein Kind die Welt wahr“ in einer zweiten Farbe oder auf einem neuen Ausdruck für dich ausfüllen. Wie nimmst du denn die Welt wahr? Welches Wesen bringst du mit? Was fordert dich heraus? Möglicherweise ist manches sehr gegensätzlich zu dem, was du bei deinem Kind festgestellt hast – damit hättest du dann einen ersten klaren Anhaltspunkt dafür, warum ihr häufig aneinandergeratet.

Blicke auf andere

Auch für Geschwisterkinder oder andere Erwachsene kannst du eine Farbe auswählen und den Fragebogen ausfüllen, um den Bereichen auf die Schliche zu kommen, die unterschiedlich sind. Sich diese bewusst zu machen und sie benennen zu können, ist der erste Schritt zu gegenseitigem Verständnis und auch zu Veränderungsmöglichkeiten.

Starte sofort

Jetzt hast du alles an notwendiger Vorarbeit geleistet, um zu wissen, wo viele eurer Konflikte ihre Ursache haben können, was für ein kleiner Mensch da vor dir steht und was er oder sie von dir braucht. Ein gesundes Kind, das mitten in der normalen Entwicklung steckt und noch Zeit benötigt, und ein gesundes Kind, das etwas langsamer oder etwas anders wahrnimmt als andere, kann mit dir als Elternteil Wahrnehmung spielerisch üben. Die weiteren Kapitel des Buches geben dir dafür jede Menge Inspiration.

Denke bei allem, was ihr ausprobiert, daran, dass ein beziehungsorientiertes Großwerden nicht nur auf das Kind schaut, sondern auch Empathie und Mitgefühl für andere großschreibt. Eure Wahrnehmungsstärkung sollte also weder auf dem Gehweg noch im Supermarkt andere Menschen beeinträchtigen.

Ich-Kompetenz mit Wir-Gefühl.
Was Kinder in beziehungsorientierter Elternschaft lernen.

@HummelFamilie auf Twitter

SO FÄNGST DU AN

Jetzt lernst du die Grundlagen und viele alltagstaugliche Ideen kennen, um dein Kind rund um seine Sinneserfahrungen zu stärken. Du kannst ihm oft ganz beiläufig Lust auf das Spielen mit bestimmten Reizen machen. Denk dabei an den Leitsatz: So viel Hilfe wie nötig, aber so wenig wie möglich. Du bist die notwendige Unterstützung, aber dein Kind lernt nur, wenn es selbst aktiv wird.

Das A und O einer gesunden Entwicklung aller Wahrnehmungsbereiche ist das Machen und Wiederholen: Man muss die Dinge tun, immer wieder. Erfahrungen sammeln. Strategien ausprobieren. Die Rückmeldungen des Umfelds bewerten. Herausforderungen nicht vermeiden.

Was musst du beachten?

Damit dein Kind das schaffen kann und Lust am Wahrnehmen hat, braucht es von dir die richtigen Leitplanken und Hilfen: liebevolle Schubser und Zutrauen, aber auch Raum für Entspannung und ein gutes Kennenlernen seines eigenen Körpers. Diese Bereiche erkläre ich dir nun.

Zugewandtes Zumuten und Bewältigungskraft

In meinen Beratungen spreche ich von *Zugewandtem Zumuten* und von *Bewältigungskraft*. Das heißt, du solltest dein Kind zugewandt begleitet an schwierige Tätigkeiten heranführen mit dem Ziel, dass es dies (und mehr) am Ende allein meistert. Zum Beispiel so: Ist Gleichgewicht bei euch das Thema und vermeidet dein Kind beispielsweise zu balancieren? Dann übt gemeinsam in kleinen Schritten: erstmal nur auf einem Seil, das am Boden liegt, mit Zuspruch statt Stress. Jeder Schritt geht in die richtige Richtung und macht den nächsten leichter.

Hier finde ich das Bild von der Schwelle wichtig: Du hast schon gelesen, dass es gut sein kann, dass dein Kind Herausforderungen in einem Bereich, in dem es sich schwertut, vielleicht eher meidet. Das heißt, es geht sie gar nicht erst an oder kaspert in den herausfordernden Momenten so herum, dass auch das in einer Vermeidung gipfelt. Auf den ersten Blick ist die Strategie jeweils gut, denn dein Kind verringert so die Gefahr, sich falsch oder minderwertig zu fühlen. Doch auf den zweiten Blick ist das Vorgehen fatal, denn so kann sich nichts verbessern. Im Gegenteil: Je öfter dein Kind vermeidet, sich einem Hindernis, einer Schwelle zu stellen, desto höher wird sie werden – desto schwerer wird es ihm fallen, sich überhaupt mit dem Thema zu befassen.

Aber jedes Mal, wenn du dein Kind dabei begleitest, sich die Schwelle anzuschauen, sich zu überlegen, wie es sie besser nehmen könnte, wird sie zumindest nicht höher. Und jedes Mal, wenn dein Kind es schafft, sie tatsächlich zu übertreten und den Bereich doch wieder zu trainieren, sinkt die Hemmschwelle. Die Angst und das Unwohlsein nehmen ab. Dein Kind erlebt sich tatkräftig und behält das in guter Erinnerung.

Jedes Üben fällt ins Gewicht. Die Schwelle darf dabei nicht zu hoch sein. Erfolg muss möglich sein. Denn Erfolgserlebnisse machen Spaß und geben Motivation.

KONKURRENZDENKEN ALS MOTIVATION?

Gerade Kinder im Vor- und Grundschulalter zeigen oft starkes Wettkampf- oder Konkurrenzdenken. Das hilft ihnen, ein stimmiges Selbstbild zu entwickeln. Sie sehen, was sie können, wo andere besser sind, was sie verbessern möchten und mehr. Um Hemmschwellen anzugehen kann das manchmal hilfreich und manchmal hinderlich sein. Den sozialen Druck durch das, was andere schaffen, kannst du nutzen, aber du solltest das dosiert anwenden: Ständig Wettstreits anzuzetteln kann demotivieren. Dein Kind fühlt sich dabei möglicherweise nicht gut und sieht sich auch immer nur im Vergleich mit anderen anstatt mit dem Fokus auf sich und sein Können.

Starte Wettkämpfe nur, wenn alle Beteiligten eine mögliche Gewinnchance haben und ihr Potenzial zeigen können oder wenn ein Wettkampfziel gemeinsam erreicht werden kann. Ansonsten ist es besser, wenn dein Kind merkt, dass es auch Dinge lieben darf, die es nicht besonders gut oder besser als andere kann. Beziehe den Wettkampfblick besser nur auf dein Kind selbst: Was geht besser als letztes Jahr? Was fällt ihm schon leichter als letzten Monat?

Motivation und gute Kommunikation

Du hast vielleicht schon häufiger versucht, dein Kind dazu zu bekommen, im Alltag mehr mitzumachen oder Hemmschwellen zu übertreten, aber seine Reaktion liegt oft irgendwo zwischen *„Nöööö!“*

und Ohrenzuhalten? Das ist leider gar nicht ungewöhnlich und kann verschiedene Gründe haben: Vielleicht **kann** dein Kind in vielen Momenten nicht gut mitmachen, vielleicht **will** es oftmals auch einfach nicht. Beides ist absolut menschlich. Hast du nicht auch schon etwas Wichtiges bei der Arbeit verpasst, weil du vor Kopfweh, Stress und anderen Sorgen nicht aufmerksam sein konntest? Oder hast du einen Elternabend sausen lassen, weil die abendliche Sonne im Biergarten so viel schöner war? Auch du kannst oder willst nicht immer, und dein kleines Kind zeigt und lebt das noch sehr viel unverfälschter aus.

Stößt du ständig auf Ablehnung, solltest du Folgendes überprüfen:

- Sind alle Grundbedürfnisse deines Kindes erfüllt, wenn du es zum Mitmachen bewegen möchtest? Ist es satt, ausgeschlafen, fröhlich? Habt ihr grundsätzlich eine gute Beziehung und eine belastungsfreie Zeit? Ist es sozial gut eingebunden, erlebt Kontakte und verschiedenes Miteinander? Wenn hier irgendwo etwas im Argen liegt, belastet das unter Umständen alle Lebens- und Lernbereiche. Kannst du selbst hier den Wald vor lauter Bäumen nicht sehen, kann dir ein fachlicher pädagogischer Rat helfen, eure Situation besser zu überblicken.
- Versteht dein Kind, warum es dies oder das mit dir zusammen machen soll? Lässt du es mitfühlen, was ein Mitmachen oder auch ein Nicht-Mitmachen bedeuten würde? Ehrlich, ohne Strafen und Vorwürfe? Sonst solltest du ihm noch genauer erklären, wofür genau etwas getan werden muss. (Schau dazu mal in das Beispiel auf S. 165 zu den Meerschweinchen.) Verändere deine Kommunikation.
- Forderst du zu viel Selbständigkeit von ihm, während dein Kind noch mehr Gemeinsamkeit benötigt? (Das kann sogar noch bei Teenies so sein.) Dann probiere mal, ob es besser wird, wenn du mehr Unterstützung anbietest.
- Ist seine Wesensart eher schüchtern und zurückhaltend, so dass ihm aus diesem Grund einiges an Herausforderungen extra

schwerfällt? Dann kannst du versuchen, eine Spur sanfter und helfender zu werden. Manchmal macht „Publikum“ Bewertungsangst. Kannst du an dieser Schraube drehen?

- Kommt dein Kind mit Frustrationen ausreichend gut zurecht oder hat es hier einen etwas langsameren Entwicklungsweg? Oder überforderst du dein Kind mit deinen Vorschlägen derartig, dass es gar nicht anders kann, als frustriert zu sein? Eventuell musst du mit einer Fachperson abklären, was du schon erwarten kannst und was nicht. Da passen erwachsene Vorstellungen nicht immer zu dem, was die Entwicklungspsychologie sagt.

Du merkst, damit dein Kind motiviert mitmachen kann, benötigt es ein sicheres Grundgefühl im Leben, dein zugewandtes Begleiten und auch dein Vertrauen: darauf, dass es etwas kann.

> Kinder gut und entwicklungsfördernd zu begleiten, heißt auch Vertrauen – immer wieder ein Stückchen über das hinausgehen, was in die eigene Komfortzone passt.
>
> @HummelFamilie auf Twitter

Das vermittelst du ihm am besten, wenn du dich immer wieder aus deiner Komfortzone traust (In dem Alter schon ein Messer benutzen? Schon so etwas Schweres tragen? Mein Kind das hier entscheiden lassen? – Ja.) und wenn du dein Kind auch nach seinen Ideen fragst, um etwas zu lösen. Erwachsene vergessen das ganz leicht, dabei können auch kleine Kinder schon spannende Lösungen haben: *„Was kannst du tun? Was brauchst du dafür? Wie kann ich dir helfen? Ich selbst würde es so machen. Aber was denkst du?“* In einer angenehmen Atmosphäre, mit Haut- und Blickkontakt und auch inhaltlich auf Augenhöhe kannst du am besten mit deinem Kind sprechen. So stärkst du nicht nur seine Motivation, sondern auch eure Beziehung und dein Kind selbst.

Lesetipp: Das Buch „Miteinander sprechen – miteinander wachsen: Liebevolle Kommunikation mit deinem Kind. Beziehung stärken, Konflikte lösen“ von Hilal Virit, humboldt (2022), hilft dir, an deiner Kommunikation zu arbeiten. Und „Wörterzauber statt Sprachgewalt“ von Lea Wedewardt, Herder (2022), richtet sich eigentlich an pädagogische Fachkräfte, aber die Gedanken und Übungen zu besserem Sprechen mit Kindern sind auch für uns Eltern ein absoluter Gewinn.

Bestimmt hast du schon den Begriff „Glaubenssätze“ gehört. Viele Erwachsene arbeiten an ihren eigenen, weil die manchmal nicht so positiv sind *(„Ich kann nichts. Ich bin schlecht.“)* Wie du jetzt mit deinem Kind umgehst, gibt ihm seine späteren Glaubenssätze mit. Das kann der richtige Blick sein, um einen motivierenden Umgang mit deinem Kind zu finden. (Zum Beispiel: *„Du kannst das versuchen. Ich traue dir das zu. Fehler helfen beim Lernen. Ich biete dir eine Hand an, wenn du möchtest.“* Und nicht in einer Tour: *„Pass bloß auf! Fall da nicht runter!“*)

Entspannung

Bei der Ideensammlung zur Wahrnehmungsstärkung in den kommenden Kapiteln wirst du merken, dass es Aktivitäten gibt, die aufregend und mit viel Konzentration verbunden sind, sowie andere, die eher mit Entspannung und Sich-fallen-Lassen zu tun haben. Ersteres überwiegt aber natürlich, denn Wahrnehmung braucht Aktion und einen starken Fokus auf die Motorik, damit die Entwicklung vorangeht. Damit dein Kind das motiviert schafft, braucht es aber andererseits Raum zum Entstressen: nicht zu volle Tagespläne, nicht zu viele Themen auf einmal, Zeit zum Nichtstun oder zum spontanen Spielen. Besonders sehr überempfindliche Kinder benötigen echte Auszeiten und Reizpausen.

Extratipp: Strategien zur Entspannung gehören zum Bereich der Stressverarbeitung. Ist dein Kind hier gut aufgestellt, kann es Überreizungen besser ertragen und sinnvoller wahrnehmen.

Einfache Ideen:

- Entspannt dein Kind gern über den Mund, besorge ihm Kauschmuck, lass es an passendem Material saugen und knabbern, oder gib ihm gekühlte Lebensmittel oder Gegenstände.
- Hilf deinem Kind mit einem passenden Setting durch gedämpftes Licht, geschlossene Regale, geringe Lautstärke oder rhythmische Töne.
- Nutzt kühles Wasser an den Händen oder schwere Decken für den ganzen Körper, so dass dein Kind seine eigenen physischen Grenzen spüren kann.
- Wie dich vielleicht Joggen runterfährt, kann es bei deinem Kind auch etwas sein, was eher nach Anspannung aussieht: Gegenstände oder aber dich kräftig zu ziehen oder zu drücken, kann Stress abbauen.

Anspannung und Entspannung dürfen sich abwechseln. Damit dein Kind sich gut entspannen und Lust auf Action herunterfahren kann, musst du ihm zutrauen, sich auch ohne deine Vorschläge allein zu regulieren.

Den Körper kennenlernen

Benenne, was ihr tut und welche Sinne oder Körperteile beteiligt sind. Je besser dein Kind sich und sein Tun kennt und benennen kann und je genauer es auch weiß, wie sein Körper aufgebaut ist, desto leichter wird ihm das Wahrnehmen fallen. Wie viele Hände, Finger, Zehen hat es? Wie unterscheiden sich deine Füße von seinen? Wie sehen Lippen und Zunge aus? Schaut am Spiegel, macht Fotos oder von äußeren Körperteilen auch Gipsabdrücke. Besorg Tapetenrolle und ummalt eure Körper.

Das kannst du mit deinem Kind am Ende des ersten Lebensjahres beginnen und mit steigendem Alter detaillierter machen. Kinder ab 3 Jahren können die Körperumrandung ausmalen, zum Beispiel mit Wachsmalkreiden oder Fingerfarben. Im Vorschulalter kannst du dein Kind auch anregen, Kleidungsstücke auf die Form zu malen, um ein Gefühl für die Proportionen zu bekommen. Diesen spielerischen Umgang mit Körper, Proportionen und Größe könnt ihr jedes Jahr wiederholen, um Veränderungen sichtbar zu machen.

Die Grundregeln

Es gibt einige Grundgedanken, die du beachten solltest. Ich fasse sie dir gleich zusammen – auf fast sechs Seiten. Das klingt nach fürchterlich viel? Und es hört sich so an, als könntest du viel falsch machen oder nicht schaffen? Nein, das entwirren wir nochmal: **Wahrnehmungsförderung soll Teil des Alltags sein, nicht Stress on top.** Mehr Spiel als Pflicht. Es gibt keine To-do-Liste zum Abhaken, die dir am Ende gar zeigt, was du alles nicht geschafft hast. Stattdessen gibt es einfach viele Ideen, die dir das Handeln ganz nebenbei im Zusammensein mit deinem Kind möglich machen. Wahrnehmung und ihre Verarbeitung sollten uns Eltern einfach bewusst sein. Berührt Dinge, schaut sie an, hört der Welt zu, greift danach. Die Grundregeln sollen dir einfach helfen, dich einzugrooven.

- **Biete deinem Kind immer wieder Hilfe, Gelegenheiten oder Übungen an,** denn Wiederholen hilft beim Lernen und Rituale erleichtern das Übertreten von Hemmschwellen. Etabliere Strukturen, die mit Uhren oder Wochenplänen für dein Kind verständlich werden. Hier gibt es schon für Kindergartenkinder zahlreiche

leicht verständliche Designs. Das muss kein starrer Plan werden. Es geht um Eckpunkte und Zuverlässigkeit. Schaffe Gewohnheiten. Wenn wahrnehmungsstarke Spiele nicht nur ab und zu als Event in eurem Alltag auftauchen, sondern kontinuierlich ihren Platz haben, bleibt ihr leichter am Thema dran. Ganz viele fördernde Tätigkeiten passen wie von selbst in die Tagesstruktur – das wirst du in den folgenden Kapiteln noch sehen. Zu den Gewohnheiten sollten auch 1:1-Zeiten zählen: Momente, in denen du oder eine andere Bezugsperson ganz für das Kind da sein kann und echt zu spüren ist, was im Kind vor sich geht. Anschauen und anfassen gehört immer als Angebot dazu. *„Wir zwei machen das nochmal!"*
Gib immer wieder Rückmeldungen, nicht als Lob, sondern als Zeichen, dass du dein Kind siehst und ihm gerne hilfst. – *„Das sieht spaßig aus!", „Das wirkt anstrengend."* oder *„Ich mach mal mit."*

- **Denk daran, immer wieder *zugewandt zu schubsen*,** also begleitet zu motivieren, und dabei dein Zutrauen zu äußern. – *„Du kannst das. Ich helfe dir."*
- **Achte immer wieder darauf, dass euer Alltag Raum für die Sinneserfahrungen lässt.** Zeit zu schenken ist ein unglaublich wichtiger Faktor für die kindliche Entwicklung. Pack euren Wochenplan nicht zu voll. Lass Raum für *Flow*, also für Momente, in denen dein Kind einfach in seine Fantasiewelt abtauchen kann. Ermögliche Pausen und ein langsames Tempo im Alltag – wenn es geht immer wieder auch an den Bedürfnissen deines Kindes orientiert, nicht nur an äußeren Umständen. Lass Wechsel zu von Aufregung und Konzentration hin zu Entspannung und Ruhe. – *„Wir fahren nicht, wir gehen.", „Wir kaufen nicht, wir machen selbst.", „Wir planen nicht nur Verabredungen und Kurse, wir verbringen spontan Zeit miteinander und lassen Platz für Kreativität und auch fürs Nichtstun."*
- **Macht immer wieder Pausen.** – *„Komm, wir entspannen und probieren es nachher nochmal."*

- **Sorge immer wieder für Reizarmut.** Gestalte zu Hause reizarme Räume. Zu viel Spielzeug und anderes Material, ständig laufende Musik oder gar der Fernseher stressen. Wenn möglich richte kleine Ecken oder Bereiche ein, die mit Bewegungskissen und anderem anregend sind, sowie andere, die Rückzugsorte sein können. Da reicht schon ein großer, dezent gestalteter Karton oder ein Zelt, das du mit Kissen, Decke und vielleicht einer Lichterkette zur Kuschelhöhle machst. – *„Wir schalten die Welt ein bisschen aus."*
- **Biete immer wieder Abwechslung im Spiel,** lass Neugier und Spontanität zu und suche neue Lösungen, anstatt das Kind auszubremsen. – *„Spring ruhig in die Pfütze, wir haben einen Schuhtrockner.", „Spiel gern mit dem Reis, setz dich dazu einfach in diese Plastikwanne."*
- **Sorge immer wieder für Weite.** Geht viel raus. Natur und Weite sind unglaublich stärkende Stätten, die Platz für entspannte Wahrnehmung lassen. Besucht draußen möglichst reizarme Orte. Umgebungen mit wenig Menschen, wenigen Geräuschen und wenig Animation sind positiv anregend. Lass dein Kind sich schmutzig machen (in der Küche wie in Pfützen). – *„Draußen tut uns gut."*
- **Sei immer wieder Vorbild.** Erkläre, mache vor und berühre anleitend. – *„Meine Erklärungen sind nicht so wichtig wie mein Tun und mein Helfen."*
- **Bezieh dein Kind immer wieder mit ein,** anstatt ihm Vorgaben zu machen. Lass deinem Kind Raum, um Materialien oder Situationen kreativ zu nutzen. Aber stell mit ihm gemeinsam Regeln auf, wo es nötig ist, bevor es immer wieder zu Streit kommt. Beispielsweise, dass die Fingerfarben nur ans Fenster gehören, der Sand in der Schüssel bleibt und die Knete auf der Plastiktischdecke. Schau was wichtig ist, damit es dir mit der Spielerei gut geht und euer Alltag schaffbar bleibt. Vorhersehbarkeit und Klarheit tun auch deinem Kind gut. – *„Was denkst du? Wie könnte es gehen?"*

- **Lass dein Kind immer wieder selbst etwas tun.** – *„Ich glaube, du kannst das selbst.“*
- **Nutze immer wieder euren Alltag.** Nimm dein Kind mit in deinen Alltag. Kochen, Putzen, Handwerken oder Gartenarbeit sind keine lästigen Aufgaben für die Erwachsenen, sondern genau die Lernfelder, die dein Kind benötigt. Und das darf dann ruhig länger dauern, als wenn du es allein erledigst. Bitte dein Kind zu suchen, zu stapeln oder zu sortieren. Gerade in der Küche, bei der Wäsche oder nach dem Einkaufen bieten sich gute Gelegenheiten. Außerdem ist das, was im Alltag getan wird, nicht nur Übungsfeld, sondern auch Ziel der Wahrnehmungsstärkung mit dir: Dein Kind soll seinen Alltag gut bewältigen können. – *„Hilf mir bitte.“*
- **Baue immer wieder Bewegung und Rhythmus in euren Tag ein.** Nimm dein Kind mit in die Welt aus Sport und Musik. Alles, was eigene Bewegung ist, tut der Wahrnehmung gut, und alles, was in Melodien verpackt oder von Rhythmen begleitet wird, macht mehr Spaß. Viel wichtiger als irgendein einstündiger Kurs bist du im Alltag als Vorbild. Motorik, also Bewegung, ist die Basis für alle anderen Sinnesfelder. Wenn es Zeiten gibt, in denen es dir schwerfällt, andere Reize gut anzusprechen, schau darauf, dass wenigstens motorische Herausforderungen drin sind. Gerade wenn dein Kind sich nicht so gut spürt, solltet ihr je nach Örtlichkeit Regeln vereinbaren, die seine Sicherheit so gut wie möglich gewährleisten. Findet das Herumtollen in der Nähe eines Heizkörpers statt, sollte dieser zum Beispiel erst mit einer Matratze abgedeckt werden. Welche Gefahren siehst du noch? Sorge nicht allein für Sicherheit, sondern bezieh dein Kind je nach Alter in die Gedanken mit ein. – *„Wir bewegen uns.“*
- **Bleibt immer im Miteinander,** denn dein Kind eignet sich Neues am besten an, wenn es sich wohl fühlt. – *„Ich zwinge mein Kind nicht und mache keinen Lehrplan aus wahrnehmungsstarkem Spiel.“*

- **Frag dein Kind immer wieder, worauf es Lust hat,** um vorhandene Motivation zu nutzen. Biete eventuell zwei, drei Dinge an, von denen du weißt, dass sie ihm liegen, und lass es wählen. – *„Was davon macht dir Spaß?“*
- **Lass immer wieder Raum für „Fehler“.** – *„Das ist nicht schlimm. Kann passieren! Wir regeln das zusammen.“*
- **Lass immer wieder auch Raum dafür, dass dein Kind um Hilfe bitten kann.** – *„Darf ich dir eine Idee zeigen? Kann ich dir meinen Trick erklären?“*
- **Justiere immer wieder nach.** Passe die Anregungen, die du deinem Kind gibst, immer wieder an. Dauerfrust ist nicht förderlich. Wenn du merkst, die Anforderungen sind zu hoch, mach dir keinen Kopf, sondern geht einfach einen Schritt zurück. Aufgaben sollten ans Kind angepasst sein, ihm gut möglich sein sowie immer wieder ein kleines bisschen herausfordernd. – *„Wir fangen nochmal anders an.“*
- **Begegnet immer wieder Menschen und ermögliche Kontakte,** denn jede Begegnung ist anders und sozialer Kontext macht jede Aktivität nochmal anders. – *„Wir machen das heute mit anderen.“*
- **Achte immer wieder darauf, dass die kindliche Aufmerksamkeit nicht nur nach außen, sondern auch nach innen, hin zur Innenwahrnehmung, geht.** – *„Und was sagt dein Bauch? Kannst du gut Luft holen? Ist der Kopf noch ganz bei der Sache?“*

Dein Memo für alle eure gemeinsamen Momente:

Hunger, Übersättigung, Durst, Müdigkeit, volle Blase, Toilettendrang – ausgeschlossen?

Frag dich und frag vor allem dein Kind nach diesen Bereichen der Innenwahrnehmung.

Dazu noch ein abschließender Gedanke: Nicht allein das Machen und Wiederholen fördert die Entwicklung deines Kindes, sondern auch die Tatsache, dass ihr dabei besonders intensiv miteinander in Beziehung seid. Dein Kind ist geborgen, hat Unterstützung, fühlt sich gesehen und geachtet. Du gibst ihm das Gefühl, dass dir wichtig ist, was es tut und schafft. Mit dieser Mixtur kann es gesund groß werden. – Immer wieder Liebe!

GEMÜTLICHE ELTERNSCHAFT

Das Konzept des sogenannten *Lazy Parentings* bietet dir hier genau den richtigen Weg: Wir Eltern halten uns zurück, sind „faul", lassen also die Kinder selbst machen. So bekommt der Nachwuchs die Chance, alles Mögliche auszuprobieren und zu lernen, auch Wahrnehmungsinhalte. Aus bindungstheoretischer Sicht ist nur wichtig, das Kind nicht allein zu lassen oder Mithilfe gänzlich abzulehnen. Es sollte Hilfe zur Selbsthilfe geben, und die Alltagsumgebung zu Hause sollte kindertauglich sein, z. B. durch Arbeitsplatten und Hilfsmittel in Kinderhöhe oder einfach zu nutzende Kleidungsstücke und Spielzeuge. Viel Anregung dazu findet man oft rund um das Montessori-Konzept, das eine an kindliche Fähigkeiten angepasste, vorbereitete Umgebung vorsieht.

Wie sprichst du viele Sinne auf einmal an?

Bevor ich dir Tipps zu jedem einzelnen Sinnesbereich gebe, folgen hier ganz allgemeine Ideen. Pick dir heraus, was zu euch passt. Aber denk dran: Es darf anfangs ein bisschen herausfordernd sein, das in euren Alltag einzubauen, denn nur Veränderung verändert wirklich. Aber in Stress soll es nicht ausarten. Rituale helfen: Wenn man das Neue beispielsweise immer nach dem Mittagessen oder immer beim Zähneputzen oder immer auf dem Weg durch den Vorgarten einbaut, läuft es rasch wie von selbst. Und es darf auch ein bisschen herausfordernd für dein Kind sein, denn nur an kleinen Hürden kann es lernen. Das Wichtige beim Zumuten ist einfach deine Zugewandtheit und Begleitung. *„Wir schaffen das! Du kannst das! Ich bin bei dir!“*

Wenn du deinem Kind zwischendurch Rückmeldung gibst, hilft es, nicht mit gestern und vorgestern zu vergleichen. Stattdessen kannst du motivierend in Worte fassen, was schon besser geht als vor drei Wochen oder vor drei Monaten. Und du kannst formulieren, welche Teilbereiche dein Kind besser schafft oder auch einfach nur auf einmal bewusster angeht als vorher. Es kommt nicht darauf an, dass es endlich eine zehn Kilometer lange Radtour unternimmt, sondern darauf, dass es heute das Rad fröhlich singend aus dem Keller geschoben hat und freiwillig darauf saß.

Ich bin ganz sicher, dass du in deinem Alltag mit Kind schon sehr viele Dinge tust, die gut für die Wahrnehmung sind. Manche kannst du einfach nochmal ein bisschen anders angehen. Zum Beispiel wirkt einiges intensiver auf dein Kind, wenn du von außen stärker einwirkst, es besonders fest umarmst oder ausgiebig zärtlich streichelst, während es schaukelt, balanciert oder auch nur daliegt und zuhört. Anderes gewinnt an Bedeutung für dein Kind, wenn es wirklich Zeit hat, Dinge ausgiebig zu tun und ständig zu wiederholen.

Jeden Tag Bewegung

Schaukeln, Rutschen, Hopsen und Trampolinspringen liebt eigentlich jedes Kind und tut es mit Spaß, sobald es auf dem Spielplatz, im Kindergarten oder mit Glück zu Hause auf entsprechende Geräte trifft. Schon die Kleinsten nutzen das erstbeste schräge Sofakissen oder ein wackeliges Möbelstück, um die Herausforderung des Gleichgewichtssinnes zu spüren. Ein schüchternes Temperament oder eine Vermeidungshaltung, die aufgrund einer Wahrnehmungsproblematik entstanden ist, können hier natürlich Bremser sein.

Sind keine Spielgeräte nutzbar, weil eure Umgebung das nicht hergibt, eure Zeit eingeschränkt ist oder dein Kind die vorhandenen nicht nutzen mag, kannst du zu Hause mit einfachen Mitteln Raum dafür schaffen. Das muss auch nicht jeden Tag neu erdacht werden, sondern kann oftmals längerfristig parat liegen. So gibst du begeisterten Tober*innen die Möglichkeit, immer aktiv werden zu können. Auch ein eher gehemmtes Kind übertritt Hemmschwellen zu Hause leichter.

ab 1 Jahr

- Aus Kissen kannst du auch einen kompletten Hügel bauen und beispielsweise mit einer Wolldecke abdecken, so dass eine geschlossene Oberfläche entsteht. Babys wie Kleinkinder können hier mit dem nachgebenden Untergrund kämpfen.
- Wenn es möglich ist, kann dein Kind draußen einen Hügel runterkullern – in unserer Familie heißt das „Baumpurzeln“. Mithilfe von Brettern, Kissen, Kartons oder Laken kannst du auch zu Hause kleine Abhänge bauen, die sogar schon für Babys spannend sind. Rutschen, sich hochziehen, robben, kriechen, laufen – vieles ist an einem kleinen Abhang möglich.
- Du kannst weiche oder harte Gegenstände wie zum Beispiel Bälle, Luftballons oder trockene Tannenzapfen in einen Kissen- oder Bettbezug stecken und so einen Hügel erschaffen, der dein Baby oder Kleinkind herausfordert.

- Euren Fußboden kannst du bewusst als Spielgerät nutzen: Bei einem sehr jungen Kind kannst du nachmachen, wie es sich fortbewegt, und es so motivieren, mehr auszuprobieren. Einem älteren kannst du bewusst etwas zum Nachahmen anbieten: ganz flach auf dem Bauch liegend schieben und alle Rippen fühlen, oder auf dem Rücken liegend vorwärts schieben, vielleicht mit geschlossenen Augen, und das Gehör und Gedächtnis nutzen, um nirgends anzuecken.
- Versucht mal, nicht immer nach vorn (am Tisch oder Fußboden) oder nach oben (am Tisch oder Regal) zu spielen, sondern nach unten: im Liegen von einer Matratze, einem Sofa, einem Kissenhügel nach unten. Die andere Perspektive und andere Notwendigkeiten beim Zugreifen geben neuen Input.

ab 2 Jahren

- Aufräumen – ein leidiges Thema. Aber als Spiel und im Miteinander kann es sogar Spaß machen und dem guten Wahrnehmen dienen. Versuche, es als Suche zu verpacken *(„Alle Kuscheltiere weg, bis wir den Schuh vom Bärchen finden?!“)* oder dein Kind mit Werkzeugen arbeiten zu lassen (Kann man etwas wegschaufeln oder -löffeln?) und mach auf jeden Fall mit.
- Schon mal falsch herum auf dem Stuhl am Esstisch gesessen? Oder auf fünf weichen Kissen? Auf einem besonders hohen oder niedrigen Stuhl? Auf einem Hocker ohne Lehne? Was ist anders? Worauf muss man aufpassen? Probiert es mal aus, wechselt Plätze und Sitzflächen und sprecht darüber.
- Sucht zusammen neue Verstecke: Wie klein kann dein Kind sich machen? Wo passt es darunter? Dahinter? In welchem Schrank ist es noch nicht gewesen?
- Fast jedes Kind liebt Toberei und Kissenschlachten. Schaffe einen guten Ort dafür, zum Beispiel eine Matratzenecke. Und dann sucht mal nach anderem Material als dem üblichen: Könnt ihr euch mit Handtüchern abwerfen? Schwämmen? Toilettenpapierrollen? Puppenkleidung? Windeln? Altpapier?

- Gleich an der Wohnungstür kannst du die Bewegung herausfordernder machen: Die Kleinen können ein Körbchen tragen oder einen Puppenbuggy schieben, damit das Unterwegssein Spaß macht und Möglichkeiten bietet, mehr zu tun, als nur die Füße voreinander zu setzen. Die Größeren können mit dir mal schleichen, mal trippeln, mal hopsen, mal rückwärts gehen, mal schneller und mal langsamer werden, mal den Fuß bewusst ganz aufsetzen, mal nur die Spitze oder nur die Seite, und irgendwann mal seilspringend oder drehend laufen. Einige verschiedene Laufstile können Kinder oft ab etwa zwei Jahren umsetzen, einige wie zum Beispiel Zehenspitzenlaufen oder Hackengang erst etwas später, da sie sich dann noch besser kontrollieren können müssen. Probiert es aus.
- Vielleicht denkt ihr euch jeden Tag ein Tier aus, das es auf den ersten Metern draußen nachzumachen gilt, oder eine Regel, die einzuhalten ist: nicht auf Striche treten oder nur auf Strichen laufen, ausschließlich dunklen Untergrund nutzen, nur seitwärts gehen, jeden zehnten Schritt hopsen.
- Ist ein Fahrzeug in Benutzung, achtet nicht nur aufs Tempo und Vorankommen, sondern auch aufs Bremsen. Das darf abrupt geschehen oder langsam.

ab 3 Jahren

- Unterwegs kannst du die fünf Sinne nach außen nutzen: Macht mal Pause und riecht oder schmeckt die Luft. Schließt die Augen und lauscht nur. Haltet die Ohren zu und guckt nur. Befühlt den Boden, die Wände, die Pflanzen. Ertastet den Weg mit Händen und Fingerspitzen oder mit den Füßen. Sprecht über die unterschiedlichen Eindrücke. Hört oder guckt darauf, was ganz nah um euch herum ist, und dann auf das, was ganz entfernt stattfindet. Riecht mal: einfach da wo ihr steht und dann gezielt an dem Busch oder in der Ecke.

- Auch auf andere Art kannst du die Aufmerksamkeit deines Kindes auf seine Umwelt und das Außen lenken, beispielsweise wenn ihr eine Mülltüte und Einmalhandschuhe mit auf euren Spaziergang nehmt und aktiv Unrat sucht und einsammelt.
- Eine Treppe kann überall ein Spielplatz sein. Das entdecken Kinder meist von ganz allein. Aber du kannst dein Kindergartenkind ermuntern, die Stufen auf dem Po langsam hinabzurutschen und genau zu spüren, wo eine Kante ist, oder beim Hochkrabbeln auf allen Vieren darauf zu achten, ob die Stufen warm oder kalt, rau oder glatt sind. Nehmt die Treppe in all ihren Facetten wahr.
- Spielt mit Gewichten, die ihr dabeihabt. Wie viel kann man tragen? Besser in der Hand oder auf dem Rücken? Wie kann man Schweres gut befördern? Ziehen oder schieben? Gemeinsam oder allein? Absolvierte Strecken könnt ihr gut mit Kreide markieren, wenn das Spaß macht.

ab 4 Jahren

- Fällt dir auf, dass etwas immer rechtsherum oder mit der rechten Körperseite passiert? Dann geht es mal bewusst mit links an – oder natürlich andersherum.
- Du kannst Hilfsmittel nutzen, um die Natur neu wahrzunehmen: Ein Blatt Papier und ein dicker, für kleine Kinderhände gut greifbarer Buntstift oder Wachsmalquader können eure Wegbegleiter sein, um Steine, Baumrinde oder Mauerstrukturen zu schraffieren und so Augen und Händen etwas zu bieten. Ihr könnt in kleinen Döschen Blumen, Kräuter oder Moos sammeln und für die Nase etwas mit nach Hause nehmen. Oder ihr könnt euch auf die Suche nach markanten Geräuschen machen, sie mit einem Handy aufzeichnen und zu Hause jemanden raten lassen, worum es sich handelt.

Für zu Hause lohnt sich auch die Anschaffung einer Sprossenwand, weil sie wenig Platz wegnimmt, aber so vielgestaltig nutzbar ist: Für die ganz Kleinen lässt sich höhenvariabel eine Rutsche einhängen, größere können dazu eine Sprungmatte oder eine Schaukel oder

Ringe bekommen, die sie über das Emporklettern der Sprossen erreichen können. An den Holzleisten kann man Dinge festknoten und dahinter Gegenstände herunterplumpsen lassen. Eine Bank oder ein Balancierbalken können die kleine Turnecke ergänzen.

Auf der Turnmatte könnt ihr auch kuscheln oder springen. Man kann sie zum Zudecken und „Sandwichmachen" nutzen oder darauf üben, was im Turnverein drankommt: Mit Hilfe sind Purzelbaum oder Handstand früh möglich. Es ist total legitim, Sorge um das Bett oder das Sofa zu haben. Diese Möbel können beim Turnen kaputtgehen. Alternativen und klare Regeln dazu können das verhindern. Und hast du Angst vor der Vehemenz eines Kindes? Gerade das kann ja ein Wahrnehmungsthema sein. Dann ist es wichtig, möglichst sichere Ecken zu schaffen, wo es trainieren kann, und auf keinen Fall Indoor-Toben zu verbieten.

GUTES MATERIAL FÜR ZU HAUSE

Schau dich mal online um in den Bereichen Psychomotorik, Turnen in Spielgruppen oder Kindergärten. Da gibt es unfassbar viele Angebote an Produkten. Für die kann man wahnsinnig viel Geld ausgeben, was aber gar nicht notwendig ist. Denn etliches kann dir einfach Inspiration sein, es nachzubauen oder anders möglich zu machen. Natürlich sind hochwertige Motorikelemente und Schaumstoffwürfel oder -kissen ein Traum. Aber günstige Alternativen sind nicht per se schlechter.

Seile, Zeitungspapier, verschiedene Klammern, Klebeband, Kissen, Decken, Bretter, Kisten – all das kann schon im Babyalter Einsatz finden und lange darüber hinaus unterschiedlich genutzt werden. Und wenn die Verwandtschaft oder der Freundeskreis mal eine größere Summe zum Geburtstag anbieten, kannst du nach Profimaterial gucken.

Ist dein Kind eines, das sich eher unsicher und ungern bewegt, kann es ihm schon helfen, wenn du es dabei berührst oder es sich selbst anfasst: Beim Rutschen wird es festgehalten, statt einer Kissenschlacht rauft es lieber mit intensivem Aneinanderdrücken, und anstatt sich ein Versteck zu suchen, reichen ihm die Sinneseindrücke, wenn es sich nur die Hände vor die Augen presst, um „nicht mehr da zu sein".

Alles, was ihr eh dauernd in Bewegung miteinander macht, kannst du durch kleine Veränderungen spannender und anregender gestalten:

ab 2 Jahren

- Schaukeln geht höher, schräger, kniend, stehend, mit geschlossenen Augen, mit Absprung oder eingedreht.
- Gehen und laufen geht langsamer und schneller, bewusster beim Atmen oder beim Aufsetzen der Füße. Springen kann zaghaft und fest passieren.
- Dein Kind kann mehr Last mitnehmen als sonst: In eine Decke gewickelt, mit drei großen Jacken oder einem dicken Rucksack auf dem Rücken fühlt sich wieder alles anders an als sonst. Am besten ist, wenn du mitmachst. Dann fällt es auch deinem Kind leichter.
- Roller oder andere Fahrzeuge können Wege spannender machen. Das kann auch ein ungewöhnliches Gefährt sein: ein Rollbrett, ein Nachziehwägelchen, in das das Kind einsteigen kann, eine Kiste mit Rollen.
- Alles, was die fünf Sinne nach außen verändert, ist eine gute Idee: eine Brille mit bunten Gläsern, Ohrwärmer oder eine Kopfbedeckung auf den Ohren, besondere Handschuhe aus dem Garten oder dem Werkzeugkeller über der Haut, eine Nasenklammer oder ein besonderer Duft unter der Nase aufgetropft – wie verändert das die Welt?
- Was könnt ihr noch veränderter, häufiger, länger, intensiver tun als bisher?

Zurück zum Selbermachen

Unglaublich viele Dinge, die unsere Vorfahren teilweise vor noch gar nicht allzu langer Zeit von Hand gemacht haben, erledigen heute Geräte oder Dienstleister für uns. Das erleichtert gerade Familien oft das Leben, weil es Zeit spart, die dann für schönere, gemeinsame Erlebnisse oder auch für einen früheren, so wichtigen Feierabend genutzt werden kann: Der Saugroboter reinigt unterm Esstisch, während du dein Kind ins Bett bringst und ihm vorliest, der Fahrservice bringt die bestellten Medikamente aus der Apotheke und die Küchenmaschine knetet den Brotteig. Zum Glück.

Aber den Kindern gehen dadurch wichtige Lerngelegenheiten verloren. Wenn der Alltag es zulässt, gib sie deinem Kind doch an möglichst vielen Stellen wieder zurück.

ab 2 Jahren

- Abwaschen mit Schaum und verschiedenen Schwämmen und Bürsten ist eine gute Erfahrung.
- Flecken mit Bürste und Gallseife aus einem Kleidungsstück zu schrubben, bringt meist zusätzlich zum sinnlichen Erleben auch rasch sichtbare Erfolge mit sich.
- Wäsche auf- und abhängen, vielleicht mit ganz unterschiedlichen Wäscheklammern, ist gut, Wäschesäckchen bestücken ebenso.
- Fegen, wischen, schrubben – das geht alles von Hand. Sicher nicht perfekt, aber darauf kommt es gar nicht an. Es darf auch mal das Waschbecken sein oder alle Türgriffe.
- Alles, was zum Backen oder Kochen geknetet und gerührt werden muss, kann von Hand bearbeitet werden. Küchenwerkzeug in Kinderhandgröße gibt es in Mengen. Mit Backpapier umzugehen oder auch Gebackenes später in Butterbrottüten zu packen ist eine sinnvolle Beschäftigung.

- Das Altpapier kann besonders kleingerissen oder plattgetreten werden, um es besser in der Tonne unterzubekommen.
- Leere Flaschen für den Getränkemarkt zu sortieren, ist spannend wegen der verschiedenen Gewichte und Größen. Trau deinem Kind auch Glasflaschen zu.
- Kleine Wege zu Apotheke und anderen Geschäften können einen Spielplatztag ersetzen, denn unterwegs und in den Geschäften gibt es viel zu sehen, zu hören und zu erledigen. Kleine Taschen und Wägelchen ermöglichen es deinem Kind, auch etwas zu transportieren. Einkaufen muss keine verlorene, stressvolle Zeit sein, wenn du sie in Ruhe als Wahrnehmungsübung angehst. Verschiedene Produkte im Laden kann dein Kind befühlen, schütteln und vergleichen. Hier muss wirklich nicht gelten: „Gucken geht nur mit den Augen, nicht mit den Händen!" Das gibt es schon an anderer Stelle zur Genüge.

ab 3 Jahren

- Eine klassische alte Waage mit Gewichten kann euch nicht nur beim Bestimmen vom korrekten Briefporto oder in der Küche beim Backen gute Dienste leisten. Dein Kind kann auch spielerisch viel damit hantieren und lernen.
- Wichtige Erinnerungen oder Einkaufswünsche kann dein Kind auch oft malerisch darstellen und mit reißbarem Kreppklebeband dort befestigen, wo es gesehen werden muss.
- Lass dein Kind in der Küche oder am Esstisch mit einer kleinen Zuckerzange arbeiten und beim Befüllen der Teller helfen. Käsewürfel, Weintrauben, Bandnudeln und mehr kann es damit gut befördern.
- Und was musst du ohnehin dauernd von Hand machen, hast dein Kind dabei aber bisher noch nicht einbezogen? Betten abziehen, staubsaugen, Handtücher falten, Mülltüten wechseln oder auch dich abtrocknen oder eincremen, dir die Haare bürsten – was fällt dir noch ein?

- Handwerkliches fällt auch nicht allen Erwachsenen leicht und dann sind wir dankbar für Fachleute. Aber es muss nicht immer perfekt sein. Du kannst mit deinem Kind bohren, sägen, feilen, hämmern, modellieren, schnitzen. Für fast alles gibt es auch kinderhändetaugliche Werkzeuge. Das Nutzen altersgerechter Werkzeuge verringert möglichen Frust und auch Verletzungsgefahren. Das Arbeiten und Erleben ist Gold wert, Teamwork sowie einen Plan zu schmieden und zu Ende zu bringen auch. Und wenn das Gebaute dann vielleicht noch täglich ins Auge fällt oder gar genutzt wird, ist der empfundene Stolz groß.

- Handarbeit ist ein ähnliches Feld: Kannst du Origami oder Häkeln? Zeig deinem Kind einfache Handgriffe oder erlernt sie zusammen. Schneiden, Falten, Fädeln, Kleben, Malen, Sticken – und am Ende kommt etwas heraus, das ihr im Alltag nutzen oder verschenken könnt. Auch hier ist weniger kaufen mehr. ab 5 Jahren

Auf diese Art übt sich dein Kind und seine Wahrnehmung(-sverarbeitung) auch nicht vollkommen lebensfremd, sondern im Gegenteil sehr alltagsbezogen auf Tätigkeiten, die es immer mal wieder so oder ähnlich machen kann oder muss. Ein sehr großer Nebeneffekt ist das Ankurbeln von Selbstwert und Selbstvertrauen. Je mehr du dein Kind einbeziehst und ihm zutraust, je mehr es spüren darf, dass es etwas schaffen, jemandem helfen kann, desto stärker kann es sich fühlen. So hat das Unterstützen der Wahrnehmungsentwicklung also noch einiges mehr in petto, um dein Kind lebensfit zu machen.

WAHRNEHMUNGSSTARKER ALLTAG MIT VIER KINDERN

Interview mit Jana Göb

Jana Göb, vierfache Mutter, ist auf Instagram unter dem Namen @homeofbroccoli zu finden. Dort zeigt sie, wie wahrnehmungs- und persönlichkeitsstärkender Alltag mit Kindern aussehen kann. Für diesen Ratgeber hat sie uns einige Tipps aus dem Großfamilienalltag mitgebracht.

Wie sieht euer Alltag aus?

In unserer Familie helfen alle mit. Ich kann nicht sagen, dass das immer nur mit Freude gemacht wird, aber am Ende des Tages haben wir gemeinsam die Aufgaben des Familienalltags gewuppt – und das schweißt uns zusammen. Wir verstehen unsere Familie als Gemeinschaft, in der alle mithelfen, das Zusammenleben zu gestalten. Das bringt nicht nur ein Mitspracherecht im altersentsprechenden Umfang mit sich, sondern eben auch viele Pflichten und Aufgaben im Alltag. Und an diesen Aufgaben wachsen meine Kinder enorm.

Morgens startet der Tag wie in jeder Familie mit verschiedenen Anforderungen wie Tisch decken, Tiere füttern, die Spülmaschine ausräumen – jedes Kind hilft altersentsprechend mit. Natürlich kann jederzeit um Hilfe gebeten oder mit den Geschwistern und uns Eltern getauscht werden. Viele Aufgaben entstehen aber auch erst im Laufe des Tages und da bitte ich meine Kinder ganz einfach und ehrlich um Mithilfe, denn wenn wir die viele Arbeit auf viele Köpfe aufteilen, haben wir mehr Zeit gemeinsam für Spiele, Ausflüge, Lese- oder Bastelzeit: Viele Hände, schnelles Ende!

Wie motivierst du deine Kinder?

Natürlich haben wir alle nicht immer Lust auf Wäsche zusammenlegen. Meine Kinder genauso wenig wie ich. Gemacht werden muss es allerdings trotzdem. Manche Aufgaben werden lieber übernommen als andere und es ist auch vollkommen okay, einfach keinen Bock zu haben. Manchmal schaffen wir es, die ungeliebten Aufgaben etwas schöner zu gestalten (z. B. durch laute Tanzmusik), oder wir helfen alle gemeinsam mit (im Winter schippt sich der Schnee viel schneller zu fünft und danach treffen wir uns vor dem Kamin mit heißem Kakao) – manchmal muss aber auch die Unlust einfach ausgehalten werden. Denn ich finde es gehört auch dazu, dass nicht alles immer unbedingt nur Freude bringen muss.

Ich wecke Verständnis. Die Art, wie man um Hilfe bittet, weckt bei meinen Kindern auch maßgeblich eine innere Motivation: Statt *„Kannst du bitte die Meerschweinchen sauber machen?‘* lieber *‚Bitte mache es den Meerschweinchen wieder richtig schön sauber, damit sie es heute Abend kuschelig und frisch haben.“*

Kleinkinder erleben den Alltag der Familie noch mit viel Sinn für Nachahmung und können bei vielen Tätigkeiten zuschauen und in ersten Zügen mithelfen, wie zum Beispiel beim Anreichen der Wäscheklammern oder beim Rühren der Suppe, beim Kneten des Teiges und beim Einräumen der Topfschublade.

Mit zwei Jahren können Kinder schon gut die untere Ladung der Spülmaschine ausräumen helfen, sie können Pilze für das Mittagessen schneiden, dem Hund sein Futter einfüllen und die Wäsche in den Trockner stopfen.

Kindergartenkinder können Aufgaben übernehmen wie Müll rausbringen, saugen, dreckige Wäsche zusammentragen oder die frische Wäsche auf rechts drehen.

Rasen mähen, Tierställe ausmisten, Wäsche sortieren, Staub wischen – das sind Aufgaben, die (Vor-)Schulkinder schon gut bewältigen können.

Frische Wäsche packe ich auf kleine Häufchen und jedes Kind holt sich seine Kleidung so ab und räumt sie in den eigenen Schrank.

Ich bleibe gelassen. Die Liste lässt sich endlos erweitern und ist für jede Familie natürlich sehr individuell. Für mich ist wichtig, dass ich meine eigenen Ansprüche an die Erledigung der Aufgaben an das Alter der Kinder anpasse. Das heißt, ich sauge nicht noch einmal die Ecken nach, wenn der Dreijährige 15 Minuten mit viel Mühe das Wohnzimmer von Krümeln befreit hat, ich lasse den schwarzen Strumpf in der weißen Maschine seine Runden drehen und ich schraube meine Ansprüche an streifenfreie Spiegel ganz weit zurück und sehe die Anstrengung der Fünfjährigen, die Zahnpastaspuren zu beseitigen. Messer und Gabel vertauscht – dann nehmen wir beim Essen eben das Besteck über Kreuz, gar nicht schlimm. Ich versuche je nach Alter die Erledigung nicht zu korrigieren oder zu kritisieren, sondern wir machen es beim nächsten Mal dann gemeinsam und ich habe jedes Mal Gewissheit, sie schauen dann noch einmal genau hin, wie wir Erwachsenen es tun.

Und ich biete meinen Kindern einen Rahmen. In unserer Familie hat alles seinen festen Platz, so dass die Kinder einfach aufräumen können, ohne nachzufragen wo etwas hingehört, wir haben alle alltäglichen Dinge in Kinderhöhe und teures Geschirr findet man bei uns nicht, so dass auch Fehler und Unfälle kein Problem sind. Unsere Kinder bekommen weder Geld noch Lob oder Belohnungen für ihre Hilfe und Arbeit, aber sie bekommen ein ganz ehrliches und von Herzen gemeintes Danke.

„Danke für deine Hilfe.“, *„Danke, dass du uns den Tisch so schön gedeckt hast.“* und ein *„Ohne dich hätte ich heute nicht geschafft, so einen schönen Nachmittag im Eiscafé zu genießen, denn dann wäre ich zwischen der Wäsche allein versunken.“*

Wie motivierst du sie noch?

Bei der Gartenarbeit möchte ich, dass die Kinder die Arbeit hinter dem Essen sehen: Die Beete müssen bestellt werden, gedüngt, umgegraben, geerntet – damit wir leckeres Gemüse auf unserem Teller haben. Die Hühner müssen gefüttert, gesäubert und die Eier täglich aus den Nestern gesucht werden, damit wir einen Kuchen backen können. Die Aufgaben sind sinnhaft, was sich oft erst im Laufe der Zeit für Kinder zeigt, und woran sie sich im Jahresrhythmus immer wieder erinnern werden.

Mancher Bitte wird trotz allem schwer nachgekommen und über einige Aufgaben immer wieder gemotzt. Da hilft bei uns nur: Dran bleiben. Die ersten zehn Male wird die Spülmaschine vielleicht nur nach der dritten Erinnerung und laut nörgelnd ausgeräumt, aber beim elften Mal gehört es vielleicht schon zur eigenen Routine und ist eingeschliffen im Alltag.

Meine Kinder erleben jeden Tag die Selbstwirksamkeit, dass sie innerhalb der Familie gebraucht werden, dass sie den Alltag maßgeblich mitgestalten und wir zusammen und jeder in seinem Bereich einiges schaffen können. Sie sehen, dass auch Eltern ihre Ressourcen einteilen müssen und nicht alles wie von Zauberhand allein schaffen und dann noch Zeit und Kraft da ist, um fröhlich auf dem Spielplatz zu toben. ‚Der Haushalt' ist bei uns eine Aufgabe, die sich auf die Köpfe verteilt, die ihn nutzen. Die Kinder lernen, Dinge zu Ende zu bringen und dass trotz Unlust manche Dinge im Alltag einfach erledigt werden müssen. Meine Kinder erleben jeden Tag, dass auch kleine Taten schon ganz viel im großen Familienzahnrad ausmachen.

Fällt deinem Kind etwas von den möglichen Aufgaben im Haushalt und im Alltag schwer, aber es hat grundsätzlich Lust und Interesse an der Tätigkeit, kann es sein, dass erklären und vormachen zu wenig ist. Manchmal ist die Lösung, die Kinderhände zu führen oder nochmal hinzuschauen, ob die genutzten Hilfsmittel tatsächlich für die Größe und auch die Fähigkeiten der Kinder taugen.

„Kinder, die nichts dürfen, werden Erwachsene, die nichts können." – Dieses Zitat von Unbekannt zeigt: Wer nicht darf, der oder die kann nicht üben und sich nicht gut entwickeln. Und dann kann er oder sie vieles einfach nicht. Nicht nur weil Wissen und Vorbild fehlen, sondern auch echtes Erfahren. Der Alltag kann dann nicht gut oder stressfrei bewältigt werden. Also lass dein Kind schon beim Alltagbewältigen mitanpacken.

Kleine Dinge neu betrachten

Zu Hause und unterwegs hat sich jeder rasch angewöhnt, Dinge auf eine bestimmte Art und Weise wahrzunehmen. Das kannst du verändern, indem du in möglichst vielen Situationen mit deinem Kind innehältst und wieder die Sinne abklapperst: Was siehst du? Was hörst du? Was riechst du? Was schmeckst du? Was fühlst du? Wie sicher stehst du?

ab 2 Jahren

- Wenn es nicht gut riecht, gibt es vielleicht aber etwas Schönes zu sehen? Etwas sehr Grelles oder Buntes? Etwas Winzigkleines oder etwas, das lustig wackelt? Kann dein Kind sich auf etwas anderes konzentrieren als den Duft, zum Beispiel darauf, auf einem Bein zu stehen oder aber die stinkende Luft mit angespannten Händen wegzuschieben?

- Wenn es so laut ist, kann man entdecken, wo die Lautstärke herkommt? Ist das zu sehen? Kann man es sogar anfassen? Spürt man Vibrationen? Im Bauch? Was sagt der Bauch sonst noch dazu?
- Wenn es lecker riecht und dein Kind „Hunger!“ ruft, erkundet genauer, wonach es riecht? Ob das auch mit der Zunge zu schmecken ist? Ob der Speichelfluss reagiert? Und was sagt der Magen? Sieht das Essen auch lecker aus? Noch spannender wird es, wenn ein Lebensmittel nicht so interessant duftet. Könnt ihr es mit den anderen Sinnen wahrnehmen und schauen, ob dein Kind dann vielleicht doch probieren mag?
- Wenn der Untergrund wackelig oder sehr weich und matschig ist und das im ersten Moment unangenehm wirkt, hört auf Töne, riecht mal, stellt euch besonders fest auf den Boden oder legt euch drauf.

Sprich: Finde heraus, mit welchem Sinn dein Kind die Situation gerade besonders wahrnimmt und stupse einen anderen an.

Dein Memo für solche gemeinsamen Momente:

Bei etwas, das „schon immer da war“ und euch eigentlich gar nicht mehr besonders auffällt, könnt ihr bewusst neu hinschauen. Wie ist die Form? Die Farbe? Wie sind die Maße? Wie klingt es, wenn man draufklopft? Wie rau ist die Oberfläche? Wie ist das Gewicht (im Vergleich zu anderem)? Wie kalt oder warm ist es und ist das veränderbar?

Das geht für viele Kinder einfacher, wenn die Fragen mit einem Ziel verknüpft werden, beispielsweise: Der Gegenstand soll auf ein Bild gemalt werden. Mehrere Dinge sollen sortiert werden. Etwas soll angemalt werden.

Bücherwelten

ab 2 Jahren

Alles, was zwischen zwei Buchdeckeln steckt, kann Kinder auf intensive Reisen schicken: Sie stellen Fragen, verbünden sich emotional mit den Protagonist*innen, malen Bilder zum Gelesenen und holen die Geschichte auch gern spielerisch in ihr Kinderzimmer oder auf den Spielplatz. Das kannst du noch intensiver mit deinem Kind zusammen nutzen. Baut Szenerien nach, vielleicht in einem Karton, der ein Zimmer werden kann, oder mit Bauklötzen, Knete, Plastikdosen, Pappkarten, Draht, Wolle ... Je mehr Material euer Basteltisch hergibt, desto kreativer kann dein Kind sein. Das muss auch nicht immer alles neues Material aus dem Bastelladen sein. Was könnt ihr stattdessen wiederverwenden, bevor es ins Altpapier wandert?

Vielleicht plant ihr die Welt aus dem Lieblingsbuch als Zeichnung auf einem großen Pappplakat, das dann wie ein Autoteppich genutzt werden kann. Viele Kinder sind auch von einer Maske begeistert, die das Gesicht ihrer liebsten Buchfigur zeigt. Mit einem Gummiband daran kann man sie einfach vor sein Gesicht ziehen. An einen Holzstiel geklebt kann man sie vor die Augen halten. Und du, Geschwister oder Freunde und sogar Kuscheltiere können weitere Parts übernehmen. Das geht schon mit Kleinkindern gut, wenn sie Freude daran haben.

ab 4 Jahren

Auf diese Art könnt ihr nicht nur Bücherwelten mit der echten verbinden, sondern auch das, was in anderen Medien passiert: Welche Filme, Figuren oder Spiele kennt dein größeres Kind schon und wie kann es mit ihnen spielen, ohne immer ein digitales Medium nutzen zu müssen?

So bekommt dein Kind die Chance, einiges in der Wahrnehmung, der Verarbeitung und dem Handeln zu üben. Diverse Bereiche werden angesprochen und alles muss gut geplant werden. Je älter dein Kind ist, desto mehr ist da natürlich möglich.

Ruhe bewusster angehen

Sorg nicht nur für mehr wahrnehmungsfördernde Abwechslung im Machen, sondern auch im Lassen. Zu Aufregung, Spaß und Anspannung gehört auch immer Entspannung. Bestimmt macht ihr da schon einiges, aber es lohnt sich, hier auch nochmal hinzuschauen.

Manche Kinder können das ganz wunderbar allein, manchmal aber gar nicht so, wie du dir das vielleicht vorstellst: Die einen suchen sich ein Buch, einen Platz im Gras, um in die Wolken zu gucken, oder sie suchen sich ein großes Tuch, um sich damit zu streicheln und darunter zu spüren. Die anderen springen rhythmisch auf dem Trampolin oder laufen, ohne groß nachzudenken, etliche Male eine Acht auf der Wiese. Alles davon kann entspannend sein. Auch bei Erwachsenen ist es verschieden, ob ein Abend mit ruhiger Musik im Wohnzimmer entspannt, oder ob eher die Party mit Freunden entstresst.

Manche Kinder können aber keinen Weg davon gut allein finden. Das sind die regulationsschwächeren Kinder, von denen du schon gelesen hast. Mit Glück spüren sie Stress und bitten eindeutig um Regulationshilfe. Aber viele spüren ihn nicht gut, nehmen die Zeichen von innen nicht sinnvoll wahr und handeln daher nicht clever. Gerade so einem Kind musst du Entspannung immer wieder anbieten – am besten ritualisiert, denn dann fällt es leichter. Vielleicht findet ihr ein Ritual, das entspannende Zeit einläuten kann: das Herausholen eines Körbchens mit Massageutensilien, das Erklingenlassen eines Instrumentes, eine veränderte Lichtsituation oder auch das Nutzen der Tobeecke, bevor es dann in die Entspannung gehen soll.

Entspannende Reize von außen können dabei dem Innen meist gut helfen. Das können zum Beispiel Berührungen sein wie haltende Hände beim Hopsen, massierende Finger beim Hörspielhören oder gemeinsames Summen beim Liegen im Sand. Es kann auch eine

Kuscheldecke sein, die beim Vorlesen eng um das Kind gesteckt wird, ein Schlafsack oder ein Kapuzenshirt, womit das Kind sich besser spüren kann, oder die besagte Hüpfmatratze, die zur Entspannung mal als Zudecke umfunktioniert wird.

Und du kannst Reize filtern oder aber erst recht in den Fokus stellen, um entspannende Momente zu kreieren:

- Halbtransparente Tücher können Augen oder Höhlen abdunkeln oder andererseits auf leichte Art die Haut berühren oder bedecken.
- Höhlen aus Kartons, ein Zelt, ein mit Decken behangener Wäscheständer oder aufgespannten Schirme können Licht und Töne teilweise aussperren. Andererseits kann so ein einziger Lichtstrahl, der einfällt, oder nur ein Brummen, das zu hören ist, ins Zentrum der Aufmerksamkeit geholt werden.
- Auch Gehörschutz darf sein: entweder ein Produkt für Kinderohren oder einfach Mütze oder Kapuze.

Und dann könnt ihr kuscheln, lesen, liegen, atmen, reden oder wieder alle Sinneskanäle abfragen.

- Was gibt es zu sehen, hören, schmecken, riechen, fühlen?
- Was ändert sich, wenn jeweils ein Sinn davon ausgeschlossen wird? (Augen zu, dann Ohren zu, danach Nase zu, schließlich Hände auf den Rücken)
- Was ändert sich, wenn der Körper ganz krumm oder aber ganz gerade und angespannt ist?
- Was ändert sich, wenn du dich stärker oder sanfter bewegst?
- Was ändert sich, wenn du schneller oder langsamer machst?

All das kannst du immer nutzen, wenn du in Ruhe mit deinem Kind Zeit für Wahrnehmung hast.

SO STÄRKST DU DAS BEWEGEN

Alle Sinneswahrnehmungen nach innen und außen profitieren davon, wenn dein Kind sich viel bewegt. Hopsen, Springen und Rennen sind genauso wichtig wie kleine Bewegungen beim Sortieren, Schneiden oder Rühren. Spielerisch oder auch als echte Hilfe im Haushalt kann dein Kind hier viel tun und du kannst ihm das zeigen.

Im Abschnitt „Wie sprichst du viele Sinne auf einmal an?“ hatte ich bereits notiert, dass Bewegung elementar für alle anderen Sinnesfelder ist. Die Motorik und alles, was dazugehört, erleichtern Wahrnehmung unterstützend oder auch als Ausgleich zu eher ruhiger Konzentration.

„Geht zusammen raus." klingt immer nach einem albernen Tipp. "Ist doch klar!" Ich merke aber in der Beratung, wie oft ich daran erinnern muss. Weite, Bewegungsmöglichkeiten, reizarme Orte, Natur sind sinnvolle Hilfsmittel bei der Entwicklung, für Entspannung, zur Stärkung.

@HummelFamilie auf Twitter

Was braucht der ganze Körper?

Damit dein Kind gut spüren kann, bis wohin sein Körper geht, wie kräftig er ist und wie es ihn gut steuern kann, kannst du viele schöne Spiele mit ihm machen und teilweise auch anregen, dass es sie mit Gleichaltrigen spielt. Mit manch einem Kind sind einige dieser Ideen auch schon am Ende des ersten Lebensjahres umsetzbar.

Lesetipp: Detailliertere Ideen für die rasch wechselnden Bedürfnisse und Fähigkeiten im Babyalter findest du in meinem Buch „Miteinander durch die Babyzeit", humboldt (2022).

Dein Kind badet mit Lebensmitteln

ab 1 Jahr

Die meisten Kinder essen gerne mit den Händen und lernen so ein Lebensmittel richtig kennen. Das können nicht alle Eltern gut aushalten und das musst du auch nicht ständig am Esstisch, sondern kannst mit deinem Kind das Nutzen von Besteck üben oder Speisen anbieten, die kein großes Gematsche mit sich bringen. Der Lust deines Kindes aufs Ertasten kannst du anders begegnen: Zum Beispiel kann es mit einer Schale Grießbrei in die Dusch- oder Badewanne steigen. Hier kann dein Kind mit den Fingern oder der ganzen Hand essen, vielleicht sogar einen Fuß benutzen und kleine Aufgaben ausprobieren: Kann man den Brei von der Nasenspitze lecken? Vom Knie? Und wie ist das mit den Ellbogen?

Dein Kind kann dort auch zusätzlich mit Lebensmittelfarben experimentieren, wenn du den Brei in mehreren Schüsselchen anbietest. Das ist ein Abenteuer für viele Sinne.

Dein Kind ist eine Pizza

ab 2 Jahren

Setz dich hin und bitte dein Kind, sich auf dem Bauch über deine Beine zu legen. Dann geh die Arbeitsschritte durch, die du auch für eine echte Pizza benötigen würdest: Knete den Teig, rolle ihn aus und ziehe ihn in alle Richtungen. Verteile Soße auf dem Teig und streue Käse darauf. Schneide alle möglichen Zutaten, öffne Konserven und verteile alles auf unterschiedliche Art. Nimm ruhig auch Lebensmittel, die dein Kind nicht so gern mag, und beantworte die Reaktionen liebevoll. Mache alle Bewegungen am Kinderkörper von Kopf bis Fuß nach und variiere die Intensität des Drucks und das Tempo deiner Hände. Die Kontraste sind das Spannende für die Wahrnehmung deines Kindes.

Schließlich musst du den Ofen anwärmen, die Pizza hineinschieben und sie gut backen lassen. Dabei können eine Decke oder ein Schlafsack Hilfsmittel sein. Ist die Backzeit herum, darf die Ofenuhr intensiv rüttelnd und kitzelnd klingeln. Im Anschluss muss die Pizza natürlich geschnitten und vielleicht noch kalt gepustet sowie knabbernd verzehrt werden.

Extratipp: Habt ihr noch Lust weiterzumachen, könnt ihr auf ähnliche Art noch „die Küche aufräumen“ und „abwaschen“.

Du kannst auch die Pizza sein und natürlich kann auch etwas ganz anderes gebacken werden: ein Obstkuchen, eine fünfstöckige Torte oder viele kleine Ausstechkekse zum Beispiel.

Massagen sind eine schöne Körper- und auch Beziehungserfahrung. Wenn du das früh als gemeinsames Ritual etablierst, für das du zum Beispiel eine kleine Materialkiste mit Schwämmen, Tüchern, Holzmassagegeräten, einer kleinen Malerrolle, Bürsten, Öl und mehr zurechtmachst, kann das Massieren immer wieder eure Auszeit werden.

Es muss auch nicht nur der Rücken, sondern kann wirklich der ganze Körper sein: Beine, Arme, Füße, Hände und Gesicht. Fahre mit den Fingerspitzen auf den Knochen entlang, nutze deine ganze Hand, um Arm oder Bein zu umfassen und mal mit mehr, mal mit weniger Druck zu arbeiten. Auch normales, eher streichelndes Eincremen ist im Grunde solch eine Massage, bei der dein Kind sich gut spüren kann und ins Entspannen kommt.

Dein Kind ist eine Mumie

Schon ein Baby, das sitzen kann, kannst du zur Mumie machen. Am besten geht das in dem Alter mit Toilettenpapier. Wickel mal seinen Bauch oder seine Beine ein und lass es sich befreien. Etwas größere Kinder kannst du dann stärker und auch im Liegen gut einwickeln, so dass sie das gut spüren können und das Befreien auch gar nicht im Vordergrund steht. Nutze Schals und Tücher oder auch Toilettenpapier oder Küchenrolle. Das kann recht locker oder etwas enger sein, dein Kind kann kerzengerade da liegen oder mit von sich gestreckten Extremitäten. Pass natürlich auf, dass du nichts abschnürst, dein Kind gut atmen kann und keine Angst bekommt. Frag es, wie sich das Mumienleben so anfühlt und ob es sich so fortbewegen mag. Wenn es sich befreit hat, kannst du die Mumie werden.

Dein Kind ist ein Schmetterlingsfänger

Die Schmetterlinge sind eigentlich Seifenblasen, die du in die Luft pustest. Kann dein Kind sie mit den Händen fangen? Oder in Rückenlage mit den Füßen zerplatzen lassen? Muss es springen oder unter einen Stuhl kriechen? Kann es ein Hilfsmittel wie einen kleinen Kescher benutzen? Eine Fliegenklatsche? Mit größeren Kindern kannst du auch zählen, wie viele Schmetterlinge gefangen wurden.

Dein Kind ist eine Raupe

ab 3 Jahren

Noch ein bisschen anders ist das Leben als Raupe. Auch sie kann sich nicht so richtig wie ein Kind bewegen, sondern sich nur schieben, ohne Arme und Beine richtig einzusetzen. Das kann dein Kind auch ohne Bandagen schaffen – und du sicher auch. Raupt gemeinsam durch die Wohnung oder auch über eine Wiese und baut kleine Ziele auf für den Weg bis zum Verpuppen: Das können gut kleine Behälter mit verschiedenen Lebensmitteln sein, die man nur mit dem Mund schnappen kann wie zum Beispiel Rosinen oder Kekse, Haferflocken oder Weintrauben. Du kannst sie mal ebenerdig und auch mal leicht erhöht aufstellen. Und wenn alle satt sind, folgt die Metamorphose: In einer Kuscheldecke könnt ihr vielleicht mit einem Buch oder Hörspiel verdauen, und hopsend und tanzend könnt ihr später Schmetterlinge sein, die fliegen üben. Dabei helfen Stühle, von denen ihr herunterspringen könnt, und Tücher, die als Flügel an die Handgelenke gebunden werden.

Dein Kind ist ein Flugzeug

Fliegen geht auch noch ganz anders. Habt ihr eine Hängematte oder vielleicht auf einem öffentlichen Spielplatz eine Nestschaukel, dann nutzt sie als Flughilfen. In der Hängematte kannst du dein Kind eindrehen (und auch eng mit ihm kuscheln, wenn der Flughafen erreicht wurde). Auf der Nestschaukel kann sich dein Kind mit den Schultern auf den Rand legen und die Arme aus der Schaukel strecken, während du es anschubst. So muss es seinen Körper ausbalancieren.

Zu Hause können eine Indoorschaukel mit echtem Sitzbrett, aufgehängte Ringe oder ein dickes Seil Flughilfe sein. Hier kann dein Kind fliegen, landen, Loopings drehen, weil es in Wetterturbulenzen gerät und viel Ladung einsammeln oder auch nach Seilen am Boden greifen, die Tankschläuche darstellen. Ein Schaukelsack bietet mehr Enge und auch verschiedene Helligkeiten.

Eine Flieger-Trockenübung kannst du deinem Kind ermöglichen, wenn du eine große Wolldecke nutzt, auf deren eines Ende es sich bäuchlings mit ausgebreiteten Armen legt, während du es am anderen Ende der Decke durch die Wohnung ziehst.

Eine Wippe kannst du auch zum Flugsimulator machen. Dafür sollte dein Kind sicher sitzen und sich zumindest mit einer Hand gut festhalten können. Die andere kann wieder ausgestreckt werden, damit das Halten des Gleichgewichts Teil des Spiels wird.

Dein Kind ist ein Instrument

Mit unseren Körpern kann man Musik machen und Musik spüren. Probiere mal mit deinem Kind aus, welche Geräusche es macht, wenn man an der Lippe zieht, die Zunge im Mund verschieden benutzt, Arme an den Körper presst, sich ganz leicht aufs Ohr haut, mit den nackten Füßen stampft, die Finger reibt oder hier und dorthin klatscht. Und was fällt euch noch ein? Schafft ihr es zusammen, ein bekanntes Lied erkennbar nachzumachen?

Habt ihr Instrumente zu Hause, die dein Kind nicht nur benutzen, sondern auch spüren kann? Wie ist es, wenn eine Rassel beim Laufen im Strumpf oder im Hosenbein steckt? Wie fühlt es sich an, wenn das kleine Xylophon oder eine kleine, metallene Drehorgel auf dem Bauch gespielt wird? Wie ist es, mit Schellenkränzen an den Armen zu springen? Und merkt dein Kind trotz Gehörschutz, wenn vor seiner Nase eine Flöte geblasen wird? Was ist mit anderen Materialien: dem Kochtopf, den Essstäbchen, den Zahnstocherdosen? Was davon passt in euer Orchester und macht dein Kind zum Musikanten beziehungsweise zur Musikantin oder zum Instrument?

Extratipp: Wie ändert sich die musikalische Erfahrung, wenn dein Kind seine Position verändert, einen Sinneskanal ausschließt und von passiv zu aktiv wechselt oder andersherum?

Dein Kind wäscht sein Fahrzeug

Irgendein Fahrzeug hat fast jedes Kind sehr früh zu Hause und falls nicht, tut es auch ein Rollbrett vom letzten Umzug oder eine Plastikkiste. Und natürlich muss jedes Fahrzeug gut gewartet werden, wozu auch das Reinigen gehört. Küchenfliesen, Badewanne, Balkon oder Gehwegplatten sind gute Orte dafür. Eine Schüssel oder ein Eimerchen mit Wasser, Lappen, Schwämme und Tücher reichen als Reinigungsset.

Nach der Handarbeit darf es dann eine Waschstraße sein, die für eine intensive Körpererfahrung sorgt, aber etwas mehr Platz, dafür kein Wasser mehr benötigt. Auf dem Fahrzeug oder in der Kiste, die du schiebst, kann dein Kind je nach Beschaffenheit sitzen oder liegen und bekommt dann von dir die abschließende Komplettreinigung.

- Bei der Vorwäsche wird dein Kind sanft gestreichelt.
- Beim ersten Sauberspülen kannst du mit einem Tuch alles abstreichen.
- Für die Intensivwäsche dürfen es eure verschiedenen Massageutensilien sein: Bürsten, Schwämme, Tücher, Hölzer.
- Das nächste Abspülen kann einfach wie das erste sein.
- Und zum Trocknen kannst du tatsächlich einen Föhn verwenden. Achte darauf, dass er nicht zu heiß ist und die Luft nicht in die Augen gerät.

Dein Kind besteht ein Abenteuer

Der Begriff „Abenteuer“ bringt die meisten Kinderaugen zum Leuchten. Je nachdem, was dein Kind schon kennt und welche Vorlieben es hat, könnt ihr eine Agentengeschichte starten, einen Detektivauftrag planen, rettende Feuerwehrleute sein oder vielleicht sogar Kammerjäger. Das Wichtigste daran ist der Weg: ein Parcours, den du deinem Kind aus allem bauen kannst, was euer Umfeld hergibt. Möbel, Kissen, Kartons, Bretter können Stationen sein, die dein Kind erklimmen oder von einer zur nächsten gelangen muss. Achte auf verschiedene Höhen, unterschiedliche Härtegrade der Untergründe, verschiedene Abstände. Ein zwischen zwei Stühlen festgebundenes Seil kann ein Hilfsmittel sein, um sich festzuhalten. Liegt das Seil hingegen auf dem Boden zwischen zwei Stationen, ist es Balancierstrecke.

Je nach gewählter Story kann es an den Stationen noch Aufgaben zu erledigen geben – vielleicht fällt deinem Kind hier auch selbst etwas ein? Oder der Weg kann schwieriger werden, weil dein Kind Schuhe an den Händen trägt, Handschuhe an den Füßen oder einen dick gepackten Rucksack und den vielleicht auch noch vor dem Bauch. Mit großen Kindern im Vorschulalter oder darüber hinaus kannst du alles zuerst auf einem Plan aufmalen und dann erst umsetzen.

Hast du ein sehr tanzfreudiges Kind, kann das Abenteuer auch von einem Tänzer oder einer Tänzerin handeln, der oder die durch eine sehr kalte Landschaft tanzen muss: Sich derartig in sehr dicken und vielen Kleidungsstücken zu bewegen, ist eine echte Herausforderung. Und in der Badewanne oder einem tiefen Planschbecken kann dein Kind unter deiner Aufsicht ebenfalls in vielen Kleidungsstücken Schwere spüren, wenn es in Seenot gerät und an Land gelangen muss.

Welche Abenteuer fallen euch gemeinsam ein, wenn ihr an die Lieblingsgeschichten deines Kindes denkt?

Dein Kind spielt mit Freund*innen

Spielen Freunde oder Geschwisterkinder mit, kannst du deinem Kind ein Erlebnis bescheren, das viel mit Ziehen und Schieben sowie Teamwork zu tun hat und schon für Kindergartenkinder umsetzbar ist. Jedes Kind ist ein Hundeschlitten. Kennt dein Kind die schon? Sonst schaut euch mal Bilder davon an: Alle sind miteinander verbunden und bei einem Hundeschlittenrennen kann nur gewonnen werden, wenn sich alle gemeinsam anstrengen. In der Wohnung oder auch draußen auf der Wiese brauchen die Kinder lange Tücher oder Schals, die ihnen um die Hüfte gebunden werden: immer eines von einem Kind zum nächsten. Das letzte Kind wird über sein Tuch mit einem Karton verbunden, der eine leichte oder auch schwerer Fracht enthalten darf, und die gilt es an verschiedene Ziele zu befördern, abzuladen und etwas Neues einzupacken. Die Schlittenfahrt kann langsam oder schnell vonstattengehen, sie kann über Hindernisse führen und die Kinder können krabbeln oder auch laufen.

Mag dein Kind lieber Pirat sein als Schlittenhund? Dann könnt ihr aus Kartons Schiffe bauen und braucht auf jeden Fall einen Schatz:

- Am schönsten ist es, eine große Kiste mit Deckel zu verwenden, aber von der Funktionalität her tut es auch eine Babybadewanne oder ein geschlossener Plastikwäschekorb.
- Diese Schatztruhe füllst du wahlweise mit trockenen Erbsen oder Bohnen, Sand oder Kieselsteinen.
- Zwischen dem Füllmaterial versteckst du die Schätze: Dicke Holzperlen, Plastikedelsteine, (schokoladige oder selbstgebastelte) Goldtaler, Spielfiguren oder Ähnliches müssen gesucht werden.
- Dafür dürfen die Kinder nur ihre Hände benutzen. Wer sich traut, kann dabei auch die Augen verbunden bekommen.

Die Kinder benötigen dafür sehr viel Fingerspitzengefühl, um die Schätze zwischen dem anderen Material auszumachen. Und je nach Menge und Zeit brauchen sie natürlich auch Ausdauer und Ehrgeiz. Ist die Kiste groß genug und dein Kind allein, kann es bekleidet auch mit darinsitzen und so mit noch mehr Körperteilen ein besonderes Spürerlebnis haben. Ist die Kraft am Ende noch ausreichend, gehört auch Aufräumen dazu. Nur mit den Fingerspitzen können einzelne Körner aufgesammelt werden, die ganze Hand oder ein Kehrblechset können größere Mengen fassen. Das eingesetzte Material könnt ihr mehrfach verwenden.

Extratipp: Zähl vorher ab, wie viele Schätze versteckt sind. Das verhindert Frust und Unsicherheiten, wenn sich das Suchen in die Länge zieht.

Die oben genannten Spiele sind natürlich auch gut für Kindergeburtstage geeignet. Für Begeisterung sorgt dort in der Regel außerdem alles, was mit Luftballons oder Bällen zu tun hat. Falls kein ängstliches Kind dabei ist, kannst du mit deinem Kind und Gleichaltrigen einen Ballonwettkampf machen:

- Ein Planschbecken, in dem sich etliche Luftballons statt Wasser befinden, ist das Lager, das geleert werden muss.
- Jedes Kind darf sich immer nur einen Ballon nehmen und muss versuchen, ihn kaputt zu bekommen, ohne seine Hände oder gar Werkzeuge zu benutzen.

Haben die Kinder selbst keine Ideen, kannst du ein paar Tipps geben: Sie können sich auf die Luftballons setzen, sie mit ihrem Bauch gegen eine Wand oder gegen ein anderes Kind drücken oder sich auch darauflegen. Achte darauf, dass kein Kind dabei ist, dass noch Dinge zum Erkunden in den Mund nimmt, denn geplatzte Luftballonhaut ist nicht ungefährlich, da sie sich in der Luftröhre festsetzen kann. Sie sollte daher immer rasch weggeräumt werden.

Ist dir ohnehin das Spiel mit Bällen lieber und habt ihr die Möglichkeit, auf einem weichen Teppich, Matten oder eine Wiese zu spielen, kannst du die Kinder zu einem besonderen Bällerennen anleiten. Dafür sollten die Bälle möglichst groß sein wie zum Beispiel Gymnastik- oder Hüpfbälle. Jedes Kind hält einen vor seinen Bauch wie einen Airbag. Dann laufen beide locker aufeinander zu und donnern die Bälle gegeneinander. Das Ziel kann sein, stehen zu bleiben, aber das muss es nicht. Es kann auch einfach nur um Spaß bei dem eingefädelten Unfall gehen. Du kannst dieses Spiel nicht so gut mit deinem Kind spielen, denn ähnliches Gewicht und Größe sind eine wichtige Voraussetzung dafür, dass es gut gelingen kann.

Dein Kind ist ein Spiegel

ab 5 Jahren

Kannst du Bewegungen vormachen, die dein Kind dir nachmachen soll, wie bei einem Spiegelbild? Oder kann es sich selbst witzige Verrenkungen ausdenken, die du imitieren musst? Anstatt wie bei einem Spiegelbild voreinander zu stehen, kann auch einer dem Gesicht des anderen den Rücken zudrehen und eher wie bei einem Tanzkurs etwas vormachen. Dabei kann der ganze Körper zum Einsatz kommen, oder es können feinste kleine Bewegungen gemacht werden, bei denen man ganz genau hinschauen muss. Der Körper und das Sehen werden gekoppelt.

Dein Kind ist ein*e Pantomime

Alltägliche Vorgänge kann dein Kind jetzt schon ohne den Gebrauch von weiteren Gegenständen oder Worten vormachen. Vielleicht kann es sich selbst Aufgaben ausdenken. Ansonsten gibt es einfache Pantomime-Bildkarten mit Begriffen wie *wippen*, *fegen* oder *Rollschuh laufen*, die euch Anregung geben können. Dieses Spiel ist schon ein sehr komplexes, aber spricht wunderbar Motorik, Denken und Sehen an – und oft genug auch sehr den verbindenden Humor.

Was brauchen die verschiedenen Bewegungssinne?

In diesem Abschnitt bekommst du Impulse, die sich nicht auf den ganzen Körper, sondern auf bestimmte Bereiche der Motorik und der Körperinnenwahrnehmung beziehen.

Das Gleichgewicht

Ein gut ausgebildetes Gleichgewichtsempfinden ist für fast alles im Alltag relevant, denn Unstimmigkeiten spürt ein Mensch ansonsten fast die ganze Zeit und ist so dauerhaft unter Strom. Diverse Probleme im Alltag können hier ihren Ursprung haben, denn wenn ein Kind ständig intensiv austarieren muss, wie es sich bewegt, fehlen Kapazitäten, um seine Handlungen gut zu planen, andere Menschen mitzudenken und kompromissfähig und entspannt zu sein. Die dauerhafte motorische Anpassungsleistung kann zu Unsicherheiten und Ängsten führen und körperlich für Schwindel und Übelkeit sorgen. Spielerische Hilfe bei der Ausbildung dieses Wahrnehmungsbereiches kann im Grunde alles leisten, was das Gleichgewichtsorgan aus der Ruhe bringt und anspringen lässt. Wichtig: Lass deinem Kind die Kontrolle darüber, wie oft und wie lange es üben möchte. Besteht hier eine besondere Sensibilität, so sollte es auch sensibel mit dem Trainieren umgehen. Hast du irgendwann das Gefühl, dein Kind kommt immer besser zurecht, kannst du es nochmal mehr herausfordern. Zum Beispiel ist es ein Unterschied, ob bei diesen Spielen das Blickfeld stabil oder beweglich ist: Balancieren über einen Holzbalken ist einfacher als über ein schwingendes Tau.

ab 1 Jahr

- Bereits am Ende des Babyjahres tariert ein liegendes, sitzendes oder krabbelndes Kind sich aus. Lässt du es auf schrägen Untergründen oder von erhöhter Position nach unten spielen, muss es seine Muskeln immer wieder unterschiedlich anspannen und Niveauunterschiede ausgleichen.
- Du bist hier auch ein perfektes Spielzeug: Lass dein Kind auf dir krabbeln oder sitzen oder spiel aktiv Flugzeug mit ihm. Dafür legst du dich auf den Rücken, ziehst deine Beine im rechten Winkel an und legst dein Kind bäuchlings auf deine Unterschenkel. Halte es unter seinen Achseln fest und bewege dann deine Beine für einen ruhigen oder sehr stürmischen Flug rauf und runter, hin und her.
- Beschleunigung auf Gefährten oder einer Rutsche ist ähnlich reizintensiv. Sitzt dein Kind im Bollerwagen oder auf einem Kinderauto ohne Lehne, das du ziehst, musst du bei kleineren Kindern noch eher langsam fahren, weil sie sich eben noch nicht gut stabilisieren können. Trau dich trotzdem und pass dein Tempo deinem Kind an. Nach und nach wirst du mehr beschleunigen können. Beim Rutschen bevorzugen jüngere Kinder aus diesem Grund die Bauch- oder Rückenlage, aber mit deiner Hilfe kannst du dein Kind immer wieder zum Rutschen im Sitzen animieren. Gib ihm deine Hände als Unterstützung, solange das nötig ist.
- Rutschen sind auch aus anderen Gründen gut: Es sind riesige schiefe Ebenen, die man von unten nach oben erobern kann und den Körper ausgleichen muss. Manche Eltern unterbinden das, was verständlich ist, wenn zehn Kinder an der Leiter stehen und das Spielgerät andersherum nutzen möchten. Aber das Argument *„So herum ist es falsch!“* ist kein gutes. Lass dein Kind unbedingt so herum klettern, wenn die Bahn frei ist.
- Böden und Untergründe, die sich in Härte bzw. Nachgiebigkeit unterscheiden, fordern den Gleichgewichtssinn ebenfalls gut heraus: Das können harte oder weiche Matten, Holzfußboden oder Teppich, Kissenberge oder Federkernmatratzen, Sand oder sehr feste Erde, Klettersteige oder Wackelbrücken sein.

- Sich intensiv und in großer Nähe mit jemand anderem zu bewegen, erfordert auch ein gutes Körpergefühl und immer wieder ein Ausbalancieren. Raufe mit deinem Kind, seid Wrestlingstars oder spielt kämpfendes Löwenrudel. Versuche nicht zu schimpfen oder in Distanz zu gehen, wenn es zu leicht schmerzhaften Berührungen kommt. Schaut euch lieber gemeinsam an, wie es besser gehen kann: Braucht ihr schützende Kleidung oder umgebundenen Kissen? Welche Körperteile sollten besser nicht eingesetzt werden? Oder hindern Hunger, Durst oder Müdigkeit vielleicht gerade das gute Zusammenspiel?
- Sitzen kann sehr bewegt stattfinden: Es gibt Luftkissen im Campingbereich oder auch aus der Ergotherapie, auf denen dein Kind kaum schlaff sitzen kann, sondern sich fast unbemerkt immer in eine gute Position bringen muss. Für ein junges Kind kann ein solches Kissen oder auch ein Kirschkernkissen einfach auf dem Boden liegen. Für größere Kinder empfehlen sich Gymnastik- und Hüpfbälle. Die gibt es in verschiedenen Größen und sie können einfach so zum Quatschmachen oder aber auch als Sitzplätze beim Vorlesen oder Basteln dienen. Ein Drehstuhl oder ein anderes ergonomisch durchdachtes Sitzmöbel fürs Kindergarten- oder Vorschulalter kann ebenso eine sinnvolle Anschaffung sein. Wichtig ist in einer erhöhten Position immer, dass die Füße sicher auf dem Boden oder ggf. einem kleinen Hocker oder Schemel stehen, wenn die Beine noch sehr kurz sind. So spürt dein Kind sich gut und kann sich in der Regel konzentrieren, auch wenn es sich in seiner Mitte bewegt. Für viele Kinder ist diese Art zu sitzen auch im Grundschulalter zum Beispiel bei Hausaufgaben eine große Hilfe.
- Sitzt dein Kind lieber auf einem normalen Stuhl, kannst du ihm Bewegung für die Füße anbieten, indem diese nicht auf dem Boden, sondern auf einem Massagebänkchen mit beweglichen Rollen platziert werden. Auch das kann helfen, Energie loszuwerden, um sich im Kopf gut konzentrieren zu können.

- Auch zum Klettern gehört das Umverteilen von Kraft, Muskelspannung und Gleichgewicht. Je stabiler der Untergrund und je kleiner die Abstände von einer Höhe zur nächsten, desto einfacher ist die Aufgabe. Dann können auch schon die Jüngsten eher krabbelnd etwas schaffen. Mit steigendem Alter und angepasst an die Fähigkeiten deines Kindes darf es wackeliger werden (zum Beispiel mit Luftmatratzen) und größere Höhen oder auch Lücken zum Überwinden geben. Drinnen gelingt es zögerlichen Kindern eher, sich ans Klettern heranzuwagen, draußen können mutige oft mehr Anreize finden.
- Wenn du eine breite Luftmatratze nicht ganz aufpustest und etwas biegst, kannst du sie mithilfe von drei oder vier Hula-Hoop-Reifen zu einer riesigen Wiege machen, durch die dein Kind krabbeln kann, während du sie anschubst, oder in der es sich einfach entspannt ein wenig schaukeln lassen kann.

ab 2 Jahren

- Balancieren kann man überall: draußen auf Mäuerchen und an wenig befahrenen Straßen einfach auf dem Gehwegrand, drinnen auf einem Seil oder immer im Kreis auf einem Hula-Hoop-Reifen. Besonders hilfreich sind hier die flachen statt gerundeten Reifen. Im Vorschulalter kann es dann auch eine Slackline sein, die drinnen richtig befestigt oder draußen zwischen zwei Bäumen gespannt wird. Das muss am Anfang gar nicht fürchterlich weit oben sein, und zunächst kann auch gut immer wieder ein Fuß am Boden sein, um nach und nach eher humpelnd ins Balancieren zu kommen. Außerdem ist natürlich jederzeit deine Hilfe in Ordnung. Statt deiner Hand kann es dann aber vielleicht bald links und rechts je ein selbst gefundener Wanderstock sein – oder bald nur noch einer.
- Beim Wippen ist die Gewichtsverlagerung ständige Aufgabe. Wenn dein Kind sicher sitzen und sich festhalten kann, kannst du mit ihm kleine und größere Geräte nutzen: vom Schaukelpferd zu Hause bis zur Mehrpersonenwippe am Spielplatz. Letztere eignen sich meist

tatsächlich erst nach dem zweiten Geburtstag, wenn dein Kind weit oben nicht mehr zu kippen droht. Davor sind kleine Schaukeltiere mit großen Griffen und Fußstützen besser geeignet. Aber Wippen geht auch ohne Geräte und für Kleine: Lass dein Kind mit seinen beiden Füßen auf deinen stehen, halte seine Hände und bewege deine Füße auf und ab, links und rechts, spanne sie oben an oder nur an den Zehen, und schaue dann, wie dein Kind mitgeht.

ab 3/4 Jahren

- Eine Mischung aus Balancieren und Wippen ist mithilfe von Gegenständen möglich, die kippeln können: Auf einem breiten Keil oder einer unebenen Scheibe aus Holz oder Kunststoff kann dein Kind mit beiden Füßen stehen und immer wieder sein Gewicht verlagern. Spezielles Material ist auf der Oberseite noch unterschiedlich strukturiert, so dass Noppen oder Rillen die nackten Füße zusätzlich stimulieren können. Findest du etwas bei euch zu Hause, vielleicht im Kinderzimmer, der Küche oder dem Keller, was ähnlich zu nutzen ist? Oder kannst du für oder mit deinem Kind etwas in der Art herstellen? Plustertextilfarbe ist ein gutes Hilfsmittel, um selbst spannende Strukturen zu erschaffen.
- Fortgeschrittene können Aktivitäten kombinieren: Dein Kind kann in oder aus einer Hängematte heraus arbeiten, während des Wippens oder Schaukelns in Geräten, die kein Festhalten notwendig machen, klatschen, oder beim Balancieren auf einem wackeligen Seil oder einer Brücke mit dir Verse aufsagen und Lieder singen. Denn auch Motorik und eine intellektuelle Leistung dürfen als Herausforderung verknüpft werden.
- Auch Kinderfahrzeuge sprechen den Gleichgewichtssinn an: Roller, Laufrad und Fahrrad würden mit Kind umfallen, wenn es nicht ausgleichend aktiv wird. Jede kleine Tour ist ein Wahrnehmungsspiel. Im Vorschulalter können eventuell Laufdosen mit Seil, kleine Stelzen und Pedalos interessant werden. Oft gelingt das Verwenden dieser Geräte aber auch erst im Grundschulalter. Bevor es zu großem Frust kommt, solltest du anspruchsvollere

Spielgeräte lieber erst irgendwo mit deinem Kind gut testen, bevor du sie anschaffst. Manche Gemeinden bieten Spielekisten zum Ausleihen an, wo so etwas dazugehört. Sommerfeste von Kindergärten oder Grundschule können auch gute Testgelegenheiten sein.

- Dass schon getragen zu werden oder Auto zu fahren ein Stolperstein für Kinder mit Gleichgewichtsbesonderheiten sein kann, hast du bereits gelesen. Ebenso ist es mit gezieltem, intensivem Schaukeln. Schau hier genau darauf, was dein Kind vertragen kann: wiegen auf deinen Beinen, schaukeln auf deinem Schoß, allein auf einer Schaukel mit Sicherheitsbügel oder ohne, schaukeln im Sitzen oder sogar schon im Stehen? Ein schönes zusätzliches Spiel kann es sein, dass dein Kind auf der Schaukel sitzend seine Füße auf einen Ball stellt und sich langsam mit dem Rumpf auf der Schaukel und mit den Füßen auf dem Ball bewegt, ohne den Kontakt zu verlieren. Eindrehen, seitlich schwingen oder abspringen sind weitere Varianten für Schaukelfans. Sehr sichere Schaukler*innen können versuchen, mit ihren Füßen deine ausgestreckten Hände zu berühren, wenn du vor der Schaukel stehst, um sich so Anschwung zu geben.
- Im Wasser kann man motorisch viel mehr als an Land. Die gefühlte Schwerelosigkeit kann dabei unterstützen, Bewegungsabläufe hinzubekommen, die deinem Kind sonst schwerfallen. Halt es mit deinen Armen an der Hüfte und lass es laufen oder krabbeln, ohne dass dein Kind den Boden berührt. Ein mutiges größeres Kind, das schon die Luft anhalten kann und untertauchen mag, kann mit deiner Hilfe eine Rolle oder Seitwärtsdrehungen auf dem Rücken und Rückwärtslaufen üben. Oder es kann versuchen, verschiedene Gegenstände über eine Strecke zu transportieren. Gleichzeitig ist der Wasserwiderstand ein guter Sparringspartner, denn bei jedem Schritt und Tritt muss einiges mehr als bloße Luft zur Seite geschoben werden. Wann immer du kannst, geh also mit deinem Kind zum Schwimmen. Oder nutze Wasser zu

Hause in Becken, Eimern oder Wannen, damit Hände und Füße darin aktiv werden und spannende Erfahrungen machen können.

- Kindergartenkinder schaffen es nach und nach, nicht nur selbst zu balancieren, sondern etwas mit sich zu tragen und es nicht fallen zu lassen. Der Klassiker ist Eierlaufen, also etwas auf einem Esslöffel von A nach B bringen, was gerade so auf den Löffel passt. Aber du kannst deinem Kind auch etwas auf den Kopf oder auf die Hände an seinen ausgestreckten Armen legen, das nicht herunterfallen soll.
- Rückwärtslaufen oder -krabbeln ist eine weitere Idee und auch das Arbeiten gegen Widerstände wie beim Schlittenhundespiel oder beim Möhrenziehen (Siehe im Kapitel „Die Körperspannung“) tut dem Gleichgewichtssinn gut. Das geht oft im Alltag oder eben auch gut mit mehreren am Spielenachmittag oder einem Kindergeburtstag. Mit diesen Aktivitäten kann dein Kind Stück für Stück sein Gefühl fürs Gleichgewicht sowie auch seine muskuläre Grundspannung verbessern und an Leichtigkeit für jeden Alltagsschritt gewinnen.

Das Drehen

Dass dein Kind mit dem ganzen Körper oder nur bestimmten Körperteilen Drehbewegungen ausführen kann und dabei sicher spürt, was es tut, beginnt normalerweise im ersten Lebensjahr. Wahrscheinlich erinnerst du dich noch, wie sehr du oder andere darauf gewartet haben, dass es sich endlich vom Bauch auf den Rücken und vom Rücken auf den Bauch drehen kann. Auch das hat viel mit dem Gleichgewichtssinn und dem Balancehalten zu tun. Diese Fähigkeit benötigt Muskelkraft, aber eben auch eine gute Innenwahrnehmung.

Nach der Babyzeit muss man das Drehen nicht mehr so gezielt fördern, aber kann es spielerisch immer wieder aufgreifen.

ab 2 Jahren

- Du kannst dich mit deinem Kind zusammen auf den Boden legen und es anregen, sich vom Bauch auf den Rücken und zurückzudrehen oder aber auf dem Rücken liegend um sich selbst mithilfe der Füße zu kreiseln.
- Du kannst mit deinem Kind tanzen, wobei jeder sich um sich selbst dreht oder du dein Kind mit deiner Hand zur Drehung führst. Dreht und tanzt auch einfach beim Spazierengehen. Suche nach Singspielen im Internet, nutzt Tücher und Bänder oder auch Röcke und Kleider, die das Drehen besonders schön machen. Mit einem dünnen Stock und einem breiten Seidenband könnt ihr alles für einen hübschen Bändertanz sogar selbst basteln. – Und ja, natürlich geht das für Kinder jeden Geschlechts.
- Sich um sich selbst zu drehen, macht deinem Kind sicher nochmal mehr Spaß, wenn es dabei große Seifenblasenringe nutzen darf. Das ist draußen besonders schön.
- Lass dir Gegenstände über Kreuz anreichen, wenn ihr euch gegenübersitzt, und gib sie auch so zurück: von deiner rechten Hand in seine rechte und von links nach links.
- Gibt es ein Karussell auf einem Spielplatz in eurer Nähe? Dann nutzt es gemeinsam, so vorsichtig oder so wild, wie es deinem Kind Freude macht.
- Auch hier müssen nochmals Schaukeln und Eindrehen sowie das oben beschrieben „Baumpurzeln“ aufgezählt werden.
- Auf einem Hof oder in einem Garten oder Park kannst du bei gutem Wetter mit deinem Kind und jeweils einer Gießkanne mit Wasser oder mit dem Gartenschlauch Kreise um euch herum in die Luft „malen“. Mit der richtigen Kleidung geht dies und vieles mehr aber unbedingt auch bei schlechtem Wetter.
- Wenn dein Kind Malen am Tisch immer wieder doof findet, versuch es draußen: Mit Kreide könnt ihr große Kreise auf die Straße malen und viele andere Motive natürlich auch.

ab 4 Jahren

- Zeichne eine liegende Acht auf ein großes Stück Pappe oder ein Stück Tapetenrolle und malt sie miteinander nach, gern schön bunt mit verschiedenen Farben und Stiften. Glitzerstifte oder fette Plakatmaler machen es nochmal spannender. Wenn du die Hand deines Kindes mitführst, geht das wahrscheinlich auch schon mit 2 oder 3 Jahren gut.

Bei einem größeren Kind wird gern geraten, es zu drehen, indem du es draußen auf einer Wiese an seinen beiden Händen oder an einer Hand und einem Fuß zum Flugzeug machst. Das ist wegen der noch jungen, lockeren Gelenke nicht ungefährlich, also nutz lieber andere Ideen.

Die Stellung der Körperteile

Wenn du im Alltag irgendetwas machst, denkst du in der Regel kaum darüber nach, wie deine Hand greift, wo der Arm hinmuss, wann der Fuß endlich einsetzen soll. Dieses gute Koordinieren hat auch viel mit dem Wahrnehmungsapparat zu tun, und dein Kind kann es vielfältig üben, damit es ihm ohne großes Nachdenken leicht gelingt.

ab 1 Jahr

- Getränkekisten oder andere Boxen, klein oder groß, leicht oder schwer gefüllt, zu schieben oder zu ziehen, erfordert auch Koordination. Vielleicht kann dein Kind dir damit helfen, wenn das eh in eurem Haushalt auftaucht, oder du kannst es spielerisch anbieten. Was soll an welchen Ort? Kann nach Gewicht sortiert werden? Können Kisten mit Seilen verbunden werden? Habt ihr Teppichboden, auf dem das geht, oder sind Gras oder Sand besser? Wie viel besser geht es, wenn man die Hälfte der Ladung ausräumt? Wie viel mehr Ladung ist zu schaffen?

- Habt ihr Sand- oder Fühlsäcke? Vielleicht schwere, stoffbezogene Türstopper oder Kirschkernkissen? Damit zu hantieren, ist auch spannend, denn das Gewicht ist anders als bei typischem Kinderspielzeug. Auch diese Gegenstände können mit dem Kistenspiel kombiniert werden. Oder du legst deinem Kind in einer entspannten Phase die verschiedenen Gewichte mal auf den Bauch, auf die Arme, die Beine, auf den ganzen Körper, und lässt es ausprobieren, wie viel Kraft es benötigt, um sich zu befreien, und welches Körperteil welchem helfen muss, um wieder freizukommen.
- Die schon an früherer Stelle aufgezählten schräg gelegten Bretter oder mit Ballons oder Bällen gefüllten Bettbezüge als Krabbelparcours sind eine gute Herausforderung.

Wenn du all das auch selbst mitmachst, spürst du, dass das derartige Fortbewegen gar nicht immer so einfach ist. Vielleicht merkst du sogar bewusst, welche Sinne anspringen müssen, um die Aufgaben zu bewältigen, denn du kennst sie ja inzwischen alle.

ab 2 Jahren

- Auch die schon eingangs des Kapitels genannten handwerklichen Tätigkeiten oder solche im Haushalt helfen beim Erleben der eigenen Koordination: Wo kann dein Kind graben? Große Löcher mit einer Schaufel, kleine mit einem Löffel? Welches Material habt ihr zum Kneten? Gekaufte oder selbsthergestellte Knetmasse, Salzteig oder Modelliersand? Mit welchen kindgerechten Hilfsmitteln kann dein Kind sägen, raspeln, schleifen?
- Wahrscheinlich erinnerst du dich daran, wie du als Kind mit einer Freundin oder einem Elternteil Schubkarre gespielt hast? Zeig es deinem Kind: Es geht auf alle Viere und du nimmst seine beiden Beine an den Knöcheln in die Hand und lenkst dein krabbelndes Kind als Schubkarre. Noch herausfordernder wird es mit Ladung auf dem Rücken oder wenn der Untergrund uneben ist (ein Hügel, eine Treppe, weicher Untergrund). Und wie viel Kraft hat dein Kind: Könnt ihr die Rollen auch schon tauschen?

ab 3 Jahren

- Außerdem kannst du deinem Kind die Spiele zeigen, die du wahrscheinlich noch vom Schulhof kennst: Mal ein Hüpfspiel mit Kreide auf den Boden. Das kann klassisch in Kreuzform sein oder auch ein Schneckenhaus. Und vielleicht fällt deinem Kind noch eine ganz andere Form ein. Hopst über ein geschwungenes Seil oder spielt Gummitwist. Im Vorschulalter muss das noch sehr einfach gehalten seid. Probiert mal zusammen aus, wie hoch, eng, schnell es gehen kann. Spielen Kinder unterschiedlichen Alters mit, kann es helfen, verschiedene Regeln aufzustellen, die die Fähigkeiten des jeweiligen Kindes im Blick haben.

Auch Trampoline sind prinzipiell gute Orte, um ein sinnvolles Körpergefühl zu entwickeln und die eigenen Körperteile clever zu koordinieren. Sie sollten immer ein Netz haben (das auch tatsächlich verschlossen wird) und nicht gleichzeitig von einer ganzen Kinderschar benutzt werden. Einzelspringen ist jedoch ebenfalls nicht ganz gefahrlos: Kleine Zimmertrampoline, auf denen man im Grunde nur stehend und mit Festhalten hopst, bergen wenig Risiken, sollten aber auch Gummiseile statt Stahlfedern haben, um nicht zu hart und gefährlich für Gelenke und Wirbelsäule zu sein. Die größeren Trampoline sind mit Vorsicht und Regeln zu genießen. Kleine Kinder sollten keine Salti versuchen, also nicht auf Kopf oder Nacken landen. Fachleute empfehlen die Nutzung sogar erst ab dem Einschulungsalter.

Die Position des Körpers

ab 1 Jahr

Wo bin ich im Raum und was ist wie weit weg von mir? Wie (herum) liege oder stehe ich? Wie navigiere ich mich am besten durch alles hindurch? Selbst was dir selbstverständlich vorkommt, ist oft eine große Wahrnehmungsleistung. Damit dein Kind sich in diesem Bereich gut entwickelt, kannst du ihm ermöglichen, in verschiedenen Positionen und auf verschiedenen Höhen zu spielen oder zu arbeiten.

Schon ein Baby, das seinen Kopf gut halten kann, kann im erhöhten Liegen auf einem Polster oder einem stabilen Karton nach unten spielen oder aber selbst am Boden liegen, während spannende Gegenstände erhöht auf einer Schüssel oder einem Kistchen angeboten werden. Im Sitzen sind verschiedene Höhen durch fest im Zimmer integrierte Podeste oder aber wieder einfach durch robuste Kartons oder kleine Hocker oder Tischchen möglich. Pappkartons kannst du interessanter gestalten, wenn sie Löcher oder kleine Klappen enthalten. Oder du verzierst sie mit selbstklebender Spiegelfolie.

Extratipp: Ab dem Kindergartenalter kann dein Kind auch mitbasteln – und zwar für sich selbst oder auch für ein jüngeres Geschwisterkind.

Kann es andere kleine Treppchen und Spielorte geben? Schau mal alles an mit dem Blick:

- Wie kann dein Kind auf verschiedenen Höhen arbeiten?
- Wie kann es angeregt werden, von links nach rechts und wieder zurück zu werkeln, zu sortieren, zu spielen?
- Und wie kannst du dein Kind ermuntern, vor- und zurückzugreifen oder -zukrabbeln?

Kindermöbel dürfen umfunktioniert werden: Stühle können liegen, sicher stehende Schränkchen können Regale oder Treppen werden. Rege dein Kind an, sich zu bücken und zu strecken. Sorge dafür, dass es Gegenstände nicht sofort sieht, sondern tiefer oder höher auf Entdeckungsreise gehen kann. Lass es fühlen, wie sicher oder unsicher das Spielen an einem tiefer- oder höhergelegenen Ort als sonst ist. Das kann draußen auch gerne ein Sand- oder Erdloch sein, in dem es sitzen und aus dem es nach oben herausgreifen kann. Und wenn dein Kind langsam sicher im Klettern ist, sind niedrige Bäume, niedrige Felsansammlungen oder Gebüsche, durch die kleine Geheimwege führen, tolle Übungsfelder.

Die Körperspannung

ab 2 Jahren

Körperspannung entwickelt sich schon in den ersten Lebenswochen eines Kindes, beispielsweise beim Liegen in Bauchlage. Sie wird später zum Tanzen und Volleyballspielen genauso benötigt wie zum Stehen und Sitzen. Nur im Liegen kann ein Mensch ganz schlaff sein. Um zu merken, welche Dosierungen wann sinnvoll sind, helfen Spiele mit unterschiedlich schweren Kisten und Kästen, wie im vorangegangenen Abschnitt beschrieben. Außerdem kannst du dein Kind „zum Gemüse machen" und Möhrenziehen spielen. Dafür muss es sich ein anderes Kind oder aber ein Tischbein, ein Geländer, die Heizung oder Ähnliches suchen, woran es sich richtig stark festhalten kann. So steckt es als Möhre in der Erde und du musst es ernten, indem du an den Knöchel anfasst und ziehst. Lachen ist erlaubt und verschiedenartiges Festhalten auch, denn dein Kind kann sich nur mit den Händen anklammern oder aber beispielsweise mit den Armen ganz um ein Tischbein fassen und der Möhre so noch mehr Halt verleihen.

Bekommst du die Möhre aus der Erde? Wie lange schafft sie es, sich zu wehren? Wie oft schaffst du es, sie zu ernten, bevor sie nicht mehr kann? Und kann dein Kind (vielleicht mit Hilfe) auch dich ernten?

Vieles an Sport, der zu Hause gemacht werden kann, unterstützt diesen Wahrnehmungsbereich auch: tanzen, Kinderyoga, turnen (zum Beispiel Kerze oder Handstand mit Hilfe), balancieren, klettern (vielleicht mit Kindermöbeln, einer Leiter oder auch einer Sprossenwand oder angebohrten Klettersteinen). Wozu habt ihr Lust und was ist bei euch möglich? Für alles an Gymnastik gibt es inzwischen (nicht zuletzt dank der Coronapandemie) viele Anleitungsvideos im Internet, die etwa ab 3 Jahren Sinn ergeben und gemeinsam gut zu schaffen sind.

Die Intensität von Bewegungen

Damit dein Kind sicher einschätzen kann, wie fest oder locker es zupacken, festhalten, ziehen oder schieben muss, braucht es Erfahrung. Was passiert, wenn es das volle Saftglas zaghaft oder mit Schwung anhebt? Wie muss es sich anstrengen, um den gefüllten Wassereimer in die Höhe zu bekommen? Wie stark muss es am Knauf drücken, um die Schiebetür ohne Karacho aufzubekommen? Wie doll muss die Wachsmalkreide aufs Blatt gedrückt werden, damit die Farbe deckend wird? Unfassbar viele Handlungen können nur gelingen, wenn man sich nicht zu stark und nicht zu schwach bewegt. Erwachsenen ist das selten bewusst. Sie haben ausreichend Erfahrungen gemacht, um die Intensität ihrer eigenen Bewegungen in der Regel stimmig einschätzen zu können.

Ein Klassiker für eine Fehleinschätzung ist der gebremste Toilettendeckel: Habt ihr zu Hause einen, der nur ganz langsam schließt und den du deshalb nur leicht anstupsen musst und dann loslassen kannst, wenn du die Toilette verlässt? Dann wirst du es kennen, dass dir Klodeckel, die anders funktionieren, oft aus der Hand rutschen und laut zudonnern. Denn du denkst nicht mehr über die Intensität nach. Du hast dir eine bestimmte Intensität für diesen Vorgang angewöhnt. Hier fehlt dir das Bewusstsein, wenn du dich nicht darauf konzentrierst. Deinem Kind geht es ähnlich: Wenn es gewohnt ist, dass Gläser zu Hause nur gering gefüllt werden und es sie schwungvoll hochnehmen kann, wird es das bei einem sehr vollen Glas im Restaurant wahrscheinlich auch tun. Vollkommen unbeabsichtigt. Es ist wie du: ein Gewohnheitstier. Was kannst du mit deinem Kind machen, damit es ein Muskelspannungsprofi wird?

- Lass dein Kind verschieden schwere Gegenstände heben, festhalten, schieben oder ziehen: einen Getränkekasten mit leeren oder einigen vollen Flaschen, eine Tasche mit Taschentuchpäckchen

ab 2 Jahren

oder einem Pfund Kartoffeln, eine Kiste mit Kuscheltieren oder mit Bauklötzen. Das kann im Spiel geschehen, aber auch ganz oft im Alltag, wenn du es in die Haushaltsaufgaben involvierst. Dabei kannst du es immer mal wieder darauf aufmerksam machen, wie unterschiedlich sein Zufassen ist.

- Lass es auch mal schwere Dinge mit den Beinen wegstemmen: Kisten, Möbel, dich.
- Sucht einen weichen Untergrund wie zum Beispiel ein Trampolin, eine weiche Turnmatte oder einen mit weichen Bällen oder dicken Kissen gefüllten Bettbezug. Mit einem guten Laminiergerät und hochwertigen Folien kannst du auch eine Flüssigkeit (zum Beispiel Wasser mit Glitzerpulver) einschweißen und einen spannenden Untergrund für Hände oder Füße kreieren. Wie zart muss es sich darauf bewegen?
- Lass dein Kind verschiedene Gegenstände von federleicht bis ganz schön schwer über ein Hindernis werfen und lernt zusammen, wie stark man was werfen muss, damit es auch auf der anderen Seite ankommt.

ab 4 Jahren

- Dein Kind kann versuchen, die gerade genannten Gegenstände mit unterschiedlichem Gewicht zu sortieren: Was ist am leichtesten? Was ist das Schwerste? Prüft die Reihenfolge am Ende mit einer Küchen- oder je nachdem auch einer Personenwaage.
- Versucht mal ganz vorsichtig, viele Dinge zu tun, ohne genau hinzusehen. Zum Beispiel kannst du mit deinem Kind eine Treppe im Dunklen hinunter- oder heraufgehen. Dann muss dein Kind sich ganz genau darauf konzentrieren, wie es seine Füße setzt und seinen Körper insgesamt nutzt.
- Lass dein Kind in der Badewanne einen weichen Kunststoffball oder auch einen Luftballon mit einem Lineal rasieren. Dazu kannst du echten Rasierschaum oder auch Sahne anbieten.
- Beim Tauziehen mit dir oder noch mehr Personen kann dein Kind spüren, wie viel Kraft es aufwenden kann. Knotest du später ver-

schieden schwere Gegenstände an das Tau, die dein Kind ziehen soll, merkt es, wie es seine Kraft am gleichen Ding anders dosieren muss.

- Stapelt, was das Zeug hält: Kartenhäuser, gern auch aus Bierdeckeln, Mikadostäbchen, Becher oder Dosen als Pyramiden, Bauklötze ... Wie lange geht das gut? Wie muss man die Dinge handhaben, damit der Stapel möglichst nicht einkracht?
- Arbeite mit deinem Kind handwerklich mit einer Feile oder einem Kindermeißel an weichem Holz, Wachs oder vielleicht sogar schon Speckstein. Linolschnitt hingegen ist meist erst ab dem Grundschulalter gefahrlos händelbar.

Die Dauer und das Timing von Bewegungen

Wie lange dauert es eigentlich, bis die Zahncreme aus der Tube auf der Bürste ist? Oder ein Stempel sich voller Farbe gesaugt hat? Oder eine Linie mit Wachsmalkreide von der linken zur rechten Blattseite gemalt ist? Und wann malt man über die Kante? Um bestimmte Handlungen oder Bewegungen auszuführen, müssen wir viel mehr können, als es für dich im Alltag wahrscheinlich oft den Anschein hat. Denn du bist geübt im Wahrnehmen und Ausführen. Dein Kind aber nicht: Da landet zu viel Bodylotion auf dem Bein und der Apfelsaft läuft beim Eingießen über. Damit das immer seltener passiert, muss dein Kind die Fähigkeit erwerben, sich und sein Tun zeitlich zu organisieren und zu planen. Vieles in diesem Bereich verbessert sich schon durch das wiederholte Tun im Alltag: im Bad, am Esstisch, in der Küche, beim Saubermachen usw. Bedenke bei deiner Begleitung:

- Du solltest deinem Kind immer wieder Neues zutrauen, nicht nur das Gewohnte, das ihm bereits gut gelingt.
- Es werden viele Unfälle passieren. Schimpfen hilft deinem Kind kein Stückchen weiter.

ab 5 Jahren

Eine schöne Spielidee für diesen Bereich ist es, etwas schaukelnd erledigen zu müssen. Denn dann muss das Timing stimmen. Beispielsweise kannst du dich vor die Schaukel stellen und eine Hand anbieten, die dein Kind mit seinem Fuß berühren soll. Oder halte ihm einen Ball hin, den es wegtreten kann.

Fliegen klatschen oder aber mit einer Lebendfalle einzusaugen ist ebenso eine gute Übung wie das Fangen von Bällen. Für junge Kinder gibt es spezielle Greiflingbälle, die ihre Hände besser packen können als einen glatten normalen Ball. Und habt ihr ein Metronom oder eine laut tickende Uhr zu Hause? Dann klatscht oder klopft zusammen den Takt.

Die Hände

Die Hände sind ganz besondere Körperteile. Sie unterscheiden den Menschen in ihrer Nutzbarkeit von allen anderen Säugetieren und ohne sie würde vieles im Alltag nahezu undenkbar oder nur mit ausgereiften Hilfsmitteln möglich. Daher solltest du ihnen besondere Aufmerksamkeit schenken.

ab 2 Jahren

- Lass dein Kind Wäscheklammern nutzen. Jüngere Kinder können sie gut von etwas abziehen: von einer Wäscheleine ebenso wie vom eigenen Body oder Hosenbein. Ältere Kinder können sie nutzen, um Zettel oder Kleidung aufzuhängen. Es gibt auch sehr unterschiedliche Klammern. Die modernen muss man drücken, damit sie sich öffnen, alte schiebt man nur über den Gegenstand, den man aufhängen will.
- Lass dein Kind euren Salat mit den Händen mischen oder Streusel für einen Kuchen von Hand aus den notwendigen Zutaten herstellen.

- Biete deinem Kind etwas zum Ausbuddeln an: mal in feinem Sand, mal in fester Erde. Es kann Werkzeug nutzen, das es unterschiedlich handhaben muss, oder einfach seine Finger, die je nach Untergrund verschieden stark eingesetzt werden müssen.
- Ermögliche deinem Kind zu wühlen: in einer Kiste voller Autos das Taxi suchen, in einer Box voller Bauklötze den dreieckigen Stein, in einer Dose voller Murmeln den Würfel finden.

ab 4 Jahren

- Spielt mit Klemmbausteinen. Spätestens jetzt sollte dein Kind Bauwerke erschaffen und die Steine gut aufeinander befestigen und zumindest große auch wieder voneinander ablösen können.
- Nutzt Steckspiele, gern auch selbstgemachte: Ein Karton mit verschieden großen Löchern kann Sammelbox für unterschiedliche Gegenstände sein, ein gebastelter Briefkasten kann große und kleine Papierbögen fassen, dicke Pinnwandnadeln mit gut zu greifendem Kopf können in Kork oder Pappkartons gesteckt werden. Vielleicht ist das auch im Haushalt nutzbar, um etwas zu sortieren oder zu sammeln.
- Lass dein Kind das Benutzen von Knöpfen und anderen Verschlüssen ausprobieren. Der erste Schritt ist meist das Öffnen, vor allem bei Schleifenbändern, aber auch bei Knopfleisten und Deckeln. Das Schließen ist dann nochmal herausfordernder und darf später kommen.
- Nutzt Magnete im Spiel oder wieder im Haushalt, damit dein Kind etwas am Kühlschrank aufhängen oder je nach Produkt etwas daraus bauen kann. Wähle am besten möglichst große aus, die nicht verschluckt werden können, denn zwei Magnete aneinander können im Verdauungstrakt verheerend stecken bleiben.

ab 5 Jahren

- Dein Kind puzzelt gern und schafft sein Lieblingspuzzle inzwischen fast gelangweilt in zwei Minuten? Dann puzzelt es mal von hinten, so dass nur die Konturen der Puzzlestücke ein Anhaltspunkt sind und nicht das Motiv.

- Kennst du prickeln? Mit einer Prickelnadel können schon kleine Kinder Konturen ausstechen oder Bilder nachstechen. Das ist eine tolle Übung für die Hände und auch für die Koordination mit dem Sehsinn.
- Noch simpler kann dein Kind mithilfe von heimischen Büroutensilien kreativ werden: Lass es ein Bild aus Tackernadeln tackern oder dafür einen Locher benutzen. Biete ihm dafür buntes Papier, dicke Pappe oder auch mehrfach gefaltete Bögen an. Falten könnt ihr auch gemeinsam.

Die Füße können natürlich so einiges tun, was auch die Hände können: Zehen können greifen, halten, krabbelnd etwas befördern, sortieren oder wühlen. Probiert einige der Ideen für die Hände einfach mit den Füßen auch nochmal aus.

Außer sich nur auf die Hände oder Füße zu konzentrieren, kannst du mit deinem Kind auch auf einzelne andere Körperbereiche schauen: Kann es so wie es nur die Finger bewegen kann auch nur die Oberlippe, die Bauchdecke oder die Pobacken bewegen? Fortgeschrittene können es mit der Augenbraue oder dem Ohr versuchen, was aber selbst den Großen schwerfällt.

SO STÄRKST DU DIE ÜBRIGEN SINNE

Hast du mithilfe der Fragebögen bestimmte Bereiche ausgemacht, die du mit deinem Kind spielerisch angehen magst? Hier findest du für alle Sinne viele Anregungen, aufgeschlüsselt nach Lebensalter. Geht gemeinsam auf Entdeckungstour: Was ist zu spüren, außen und innen?

Um genau nur einen Sinnesbereich, der dich vielleicht besonders sorgt, gezielt zu stärken, ist es sinnvoll, sich auf diese eine Reizart zu fokussieren. Wähle hier aus, was euer Thema ist.

Was brauchen die Sinne nach außen?

Sehen, hören, riechen, schmecken und fühlen macht dein Kind den ganzen Tag über, ohne dass es großartig darüber nachdenken muss. Damit sich die Wahrnehmung hier verbessern kann, sind zwei Dinge wichtig: Erstens solltest du mit deinem Kind bewusster darauf achten, was die Sinnesorgane aufnehmen. Und zweitens: **Machen, machen, machen.** Gerade die Wahrnehmung nach außen kannst du ganz simpel anregen, während ihr sowieso zu Hause Zeit zusammen verbringt oder gemeinsam unterwegs seid. Ihr braucht nicht immer viel Material dafür, sondern oft einfach nur mehr Beachtung der eigenen körperlichen Fähigkeiten.

Sehen

Sehen und Hören sind die wichtigsten nach außen gerichteten Sinne. Wenn du dir die Augen zuhältst oder deine Ohren schalldicht abschließt, wirst du etliche Schwierigkeiten dabei haben, deinen normalen Alltag zu schaffen. Einem kleinen Kind geht es natürlich noch viel stärker so, denn es hat noch nicht so viel Lebenserfahrung wie du. Auch hier benötigt es Zeit und Gelegenheit zum Üben.

Eine wichtige Fähigkeit, die aus gutem Sehen erwächst, ist die Auge-Hand-Koordination: Das Auge nimmt wahr, die Hand führt aus, das Auge schaut zu. Doch da gibt es noch einiges mehr. Was kannst du für die gute Verarbeitung der Seheindrücke deines Kindes tun?

ab 2 Jahren

- Egal, was du mit deinem Kind machst, betrachtet, sucht, vergleicht Farben, Größen, Formen: Wo ist ein gelbes Auto? Wie nennt man die Farbe der Rutsche? Wie verändert sich die Farbe der Bananenschale? Könnt ihr etwas Schimmerndes finden? Welcher Baum im Stadtpark ist der größte? Ist er auch der dickste? Welche Farbe hat sein Stamm von weit weg? Und wenn ihr nah davorsteht? Beschreibt gemeinsam, was ihr seht. Dieses Finden von passenden Begriffen stärkt die Verarbeitungsmöglichkeiten.
- Wechselt die Entfernungen, wenn ihr auf die Welt blickt. Wenn gegen Handys & Co. gewettert wird, geht es oftmals gar nicht nur ums viele Sitzen oder um die medialen Inhalte, sondern auch um die Augen. Bei der Nutzung eines digitalen Gerätes blicken sie lange starr auf die gleiche Entfernung, dabei benötigen auch sie Abwechslung. Also geh es gezielt an: Was ist einen Schritt weg? Was zehn? Und was ist wohl etwa hundert Schritte entfernt?
- Denk dir für zu Hause oder für unterwegs kleine Suchaufträge aus: Was ist grün? Was ist winzig? Was ist aus Holz? Was ist lang? Was sieht aus, als würde es sich wohl besonders schön anfühlen oder aber besonders rau?

- Spielt mit dem Licht: Wie sieht die Welt aus, wenn ein blaues, aber transparentes Tuch vor den Augen ist? Wie ist es mit roten Brillengläsern oder durch eine gelbe Folie? Was ändert sich mit einer Sonnenbrille? Wie ist es in einem Karton, der nur ein Loch hat, durch das Licht hereinscheint? Was verändert der dunkelrote Regenschirm? Wie ist es, das Lieblingsbuch unter der gelben Bettdecke anzuschauen? Könnt ihr Vorhänge basteln, eine Höhle oder einen Tunnel (zum Beispiel mit einer eingequetschten Luftmatratze) bauen? Und wie sieht die Welt bei Nacht aus?
- Füllt durchsichtige Röhren oder anderer Gefäße mit Wasser und Glitzer oder Pailletten. Schließt sie und schüttelt alles, dreht es auf den Kopf und beobachtet die Veränderungen.
- Habt ihr eine Lavalampe oder eine „Sanduhr“, die mit einer Art Öl statt Sand gefüllt ist? Daran kannst du mit deinem Kind beobachten, wie viel träger die Bewegungen sind als bei Sand. Manche Kinder können sich im Beobachten verlieren und entspannen so super.

ab 4 Jahren

- Lest Wimmelbücher und versucht, Geschichten zu entdecken, Gefühle zu erkennen oder nach dem Zuklappen der Seiten nachzuerzählen, was zu sehen war. Je jünger dein Kind ist, desto weniger sollte auf einem Bild zu sehen sein.
- Malt gemeinsam nicht nur auf Papier, sondern auch mal auf Leinwand, eine Kiste oder Stein. Wie unterschiedlich werden die Ergebnisse, wenn der Untergrund hell oder dunkel ist, und wenn Wasserfarben oder aber deutlich Deckenderes genutzt wird? Wie anders werden die Bilder, wenn dein Kind mit starkem Licht oder eher im Schatten malt? Wenn es beim Malen steht oder liegt?
- Beweg beim Betrachten der Welt bewusst die Augen, den Kopf, den ganzen Körper und zeig das deinem Kind. Es tut den Augen gut, wenn sie mal gerollt werden. Und Eindrücke ändern sich, wenn man den Kopf dreht oder das Kinn hebt. Habt ihr schon mal kopfüber in den Spiegel geschaut oder einen kurzen Film gesehen? Oder nur mit einem Auge?

- Nutzt eine Murmelbahn oder baut sie selbst: alte Lockenwickler oder andere Rollen kann man ineinanderstecken, Fuß- und Kunstgrasmatten können die Landungszone der Murmeln sein. Das Beobachten der rollenden Kugeln ist wieder eine gute Sehübung.

ab 5 Jahren

- Puzzelt oder fädelt – und habt ihr das schon mit selbstgemachtem Material gemacht? Du kannst deinem Kind eine Pappe in ungewohnte Puzzlestückformen schneiden oder eine Kartonoberseite mit großen Löchern bestücken, durch die es sein Seil oder einen Schnürsenkel fädeln kann.
- Zeichne deinem Kind einfache Labyrinthe auf Papier, durch die es per Stift den Weg nach draußen finden muss. Hier sind Wachsmalkreiden nicht mehr unbedingt geeignet, aber dicke Buntstifte passen gut in kleine Vorschulkinderhände.
- Dein Kind malt nicht gern? Vielleicht hilft es, wenn es mit dir Fotos aus Zeitschriften lustig ausmalen darf, oder wenn du Durchpauspapier besorgst, das auch dafür genutzt werden kann, Oberflächen wie Rinde oder Asphalt abzupausen. Ausmalbilder mit großen Flächen und Farbkennzeichnung können manchen Kindern das Malen leichter machen. Ist dein Kind sehr perfektionistisch und kann Frustration noch schlecht aushalten, kann eine Mal-App am Tablet, die mit den Fingern benutzt wird, Abhilfe schaffen, weil da nicht über die Konturen hinausgemalt werden kann.
- Biete verschieden große Gefäße an, stelle sie in unterschiedlichen Abständen auf und lass dein Kind zum Beispiel eine kleine mit Erbsen gefüllte und zugeknotete Socke oder einen Tischtennisball hineinwerfen.
- Versuche mit deinem Kind und euren Bausteinen etwas Einfaches nachzubauen: das Kinderzimmer, euer Wohnzimmer, den Lieblingsspielplatz oder den Weg zum Kindergarten. Sprich dabei gern über räumliche Beziehungen wie davor, dahinter, darunter, darüber oder daneben.

- Schau dir mit deinem Kind Einzelteile an: Wie sieht eigentlich so eine Spirellinudel genau aus? Und wie die Aufnahme für den Knethaken an der Küchenmaschine? Welche unterschiedlichen Schrauben entdeckt dein Kind in eurer Werkzeugkiste? Welche Form haben die Tasten auf der Fernbedienung? Blickt anders auf Dinge als sonst.

Augen könnt ihr aber auch bewusst betrachten, nicht nur benutzen: Welche Augenfarben und -formen begegnen euch? Wie verändern sich die Augen bei Helligkeit oder Dunkelheit? Was erkennt dein Kind, wenn es ganz tief und genau in deine Augen schaut? Welche Farben entdeckt es vielleicht plötzlich noch?

Wichtig ist, bewusst mal anders zu gucken und über das Gesehene zu sprechen, damit dein Kind das Wahrnehmen und das Verarbeiten trainiert.

Hören

Auch das Gehör benötigt viel Erfahrung, damit ein Laut oder Geräusche sinnvoll interpretiert werden können. Versuch mit deinem Kind, bewusst zu hören. Raus aus der Berieselung!

- Du kannst Klangdosen basteln, indem du Plastikdosen nutzt, in die man nicht hineinschauen kann. Fülle sie mit lauten und leisen Materialien (von Erbsen bis Sand) und lass dein Kind raten, was drinsteckt. So kannst du auch ein Hörmemory basteln: In welchen Dosen steckt wohl das Gleiche? ab 2 Jahren
- Bitte dein Kind, die Augen zu schließen und dann herauszufinden, woher ein Ton kam, den du gemacht hast. Du kannst auch gut eine Eieruhr nutzen und diese verstecken. Woher kommt dieses Ticken oder Klacken, das zu hören ist? Ist das noch zu schwierig? Dann

dreht die Aufgaben um und lass dein Kind Töne produzieren oder etwas Tickendes verstecken. Ist es zu einfach? Dann probiert es mit verbundenen Augen.

- Werdet zusammen musikalisch. Dafür kannst du Kinderinstrumente anschaffen, aber das muss gar nicht sein: Rhythmen kann man auf allem Möglichen trommeln oder einfach klatschen, Glöckchen oder etwas, das rasselt, findet man vielleicht auch zu Hause, und Wände, Fenster oder Möbel können durch verschiedenes Beklopfen ein ganzes Orchester werden. Geh mit deinem Kind auf Entdeckungsreise.
- Hört verschiedene Arten von Musik, auch mal Klänge aus fremden Ländern. Wie wirkt die Musik, wenn sie laut abgespielt wird? Und was ist anders, wenn sie sehr leise ist?
- Lieder singst du sowieso ständig mit deinem Kind? Dichtet vielleicht mal neue, gern in den Situationen, die ihr ständig erlebt: das Badelied, der Zahnputzsong, das Tischdeckliedchen. Gereimt prägt es sich gut ein, und wenn Gesten oder Bewegungen wie Tanzen und Springen oder Fingerspiele zu den Worten kommen, wird das Ganze fordernder, aber auch fördernder.
- Schaut mal, welche Lall-, Summ- und Brummgeräusche ihr so produzieren könnt, hört einander zu und versucht euch gegenseitig nachzuahmen.
- Lausche mit deinem Kind mal in die Stille. Was ist alles zu hören – direkt bei euch, draußen vorm Fenster, in der Nachbarwohnung und in euren Körpern? Was verändert sich mit einer Kapuze oder wenn dein Kind seinen Kopf bewegt?

ab 5 Jahren

- Hören und Sprechen gehören eng zusammen. Sprachspiele haben immer auch eine Hörkomponente. Versuch ein Wortkettenspiel mit deinem Kind: Du startest mit Spaghettieis, dein Kind macht weiter mit Eisladen, du setzt fort mit Ladendieb usw. Oder bitte dein Kind, zu klatschen, wenn beim Vorlesen ein bestimmtes Wort auftaucht: vielleicht erst ein sehr seltenes und dann ein häufiges.

- Oder teste das Hörverständnis deines Kindes nach dem Vorlesen. Starte mit einfachen Fragen: Wie heißt der Hund des Jungen? Was ruft der Opa, als er die stinkende Mülltonne öffnet? Dann kannst du es komplexer versuchen: Fand das Erzählte morgens oder abends statt? Lebt die Familie wohl in der Stadt? Das kannst du auch mit Motorik kombinieren: Wie saß das Mädchen wohl auf dem Pferd? Wie sprang die Piratin von Bord des Schiffes?

Verändert Hörgewohnheiten, lauscht genauer hin, lass dein Kind aktiv werden beim Machen von verschiedenen Tönen und sprecht wieder viel über eure Eindrücke und was unterschiedliche Geräusche in Menschen Gutes oder Schlechtes auslösen können.

Riechen und Schmecken

Gerüche und Geschmäcker wirken im Grunde sofort. *„Yeah!"* oder *„Bäh!"* – da muss nicht so viel verarbeitet werden und es braucht normalerweise keine zahlreichen Erfahrungen, um zu sagen, was gefällt oder nicht. Aber Über- und Unterempfindlichkeiten sind hier natürlich eine Erschwernis. Oder aber fehlende Erfahrung, weil ein Kind nicht gern dazu bereit ist, neue Dinge zu probieren. Schmeckt dein Kind kaum Unterschiede und erriecht es seine Welt fast nicht, fehlen sehr schöne und teilweise auch hilfreiche Sinneseindrücke. Eine Blumenwiese gibt ihm maximal optisch etwas mit, ein verdorbenes Lebensmittel fällt ihm vielleicht nicht rechtzeitig vor dem Essen auf.

Merkt dein Kind allerdings jede kleine Geschmacks- oder auch Geruchsnuance vielfach stärker als andere Menschen, kannst du dir vorstellen, was das für eine Belastung ist. Du würdest dich wahrscheinlich ähnlich fühlen, wenn du im Nebel sämtlicher Parfüms einer Drogerie stehen müsstest. Kannst du dann entspannt oder gar konzentriert sein? Wohl kaum.

Darum ist es wichtig, dass alle Kinder auch im Riechen und Schmecken bewusstere Übung haben. Denn schließlich sind mit guten Düften und Aromen auch aktuelle Gefühle sowie viele wichtige Erinnerungen gekoppelt.

Damit dein Kind in diesen Bereichen bewusst und stark wahrnehmen kann, solltest du mit ihm ganz gezielt darauf achten, was in eurem Alltag wie riecht und wie schmeckt:

ab 2 Jahren

- Du kannst wieder ganz simpel anfangen mit den Sinnesorgangen selbst: Wie sehen Nasen und Zungen eigentlich genau aus? Wie unterscheiden sie sich von Mensch zu Mensch? Guckt, beobachtet, fühlt und fasst wieder in Worte, was ihr bemerkt.
- Rege dein Kind an, sich in Situationen, in denen der Geruchssinn eigentlich eine Rolle spielt, die Nase zuzuhalten: beim Essen, beim Backen, beim Einkaufen, in der Natur. Mit größeren Kindern kannst du dann auch genauer darüber reden: Wie ändert sich der Moment? Ist ein anderer Sinn jetzt wichtiger? Fehlt deinem Kind etwas?
- Riecht und schmeckt ganz bewusst, indem ihr bei entsprechenden Gelegenheiten mit geschlossenen Augen wahrnehmt. Wieder kannst du mit größeren Kindern dazu ins Gespräch gehen: Werden die Eindrücke besser? Genauer? Oder auch heftiger? Welche Worte findest du für die Eindrücke? Hat dein Kind auch schon welche?
- Beschäftige dich mit deinem Kind mit den Ölen und Gewürzen, die in eurer Küche zu finden sind. Und stehen auch Öle im Bad oder im Keller? Welche sind genießbar, welche nur für die Haut oder aber nur für Gegenstände gedacht? Wie unterscheiden sie sich? Mit einem größeren Kind kannst du da einiges entdecken, mit einem kleinen vor allem riechen und bei den Lebensmitteln natürlich Geschmacksproben nehmen. Wie viel Gewürz ist eigentlich lecker? Nur eine Fingerspitze voll oder darf es auch ein Löffel

voll sein? Schmeckt der Zimt anders auf der Zungenspitze oder in der Wangentasche? Macht Oregano auch pur Spaß oder nur auf der Pizza? Kann dein Kind ein neues Lieblingsgewürz entdecken, das nächstes Mal einfach in die Soße oder auf den Pfannkuchen soll? Wo hat es diesen Currygeschmack schon mal kennengelernt? Wo roch es schon mal nach Vanille?

- Sammelt alles, was aufregend riecht. Was steht denn so bei den Badezimmervorräten? Was ist im Kühlschrank? Was lässt sich sonst in der Wohnung finden: frisch geöltes Holz, Lavendelsäckchen im Schrank, der alte Kaffeefilter von heute früh? Sucht draußen nach Düften und hebt sie in kleinen Dosen mit Deckel auf, wenn das möglich ist (zum Beispiel Blütenblätter). Daraus könnt ihr auch ein Ratespiel machen: Schnupper mal – was war das noch?
- Lass dein Kind viele verschiedene Lebensmittel kosten, ganz auf freiwilliger Basis. Wenn es mit einkaufen darf oder immer mal wieder etwas Neues auf dem Tisch steht, sind gerade die Kleinsten häufig noch sehr offen fürs Probieren, und das schränkt sich erst mit 3 oder 4 Jahren wieder mehr ein.

ab 4 Jahren

- Je älter und wortgewandter dein Kind wird, desto genauer kannst du mit ihm über Gerüche und Geschmäcker sprechen. Schnüffelt und beschreibt: faulig, blumig, beißend, scharf. Wie riecht die Luft, wie schmeckt das Lebensmittel? Wie duften oder stinken Pflanzen und Menschen? Wie kann man es benennen (und wann sagt man aus Höflichkeit vielleicht lieber nichts)? Ein Kind im Vor- oder Einschulungsalter mit Spaß an Sprache mag vielleicht mit dir in einer Synonymesammlung schauen, was man noch alles sagen kann statt *lecker*, *gut* oder *angenehm*.
- Mit steigendem Alter kann dein Kind Geschmecktes auch eindeutiger den Grundgeschmacksrichtungen süß, sauer, salzig und bitter zuordnen. Macht das bei Lust und Laune mit allen Speisen und Getränken, die ihr zu euch nehmt. Am besten startet ihr mit

eindeutigen Proben, die die Richtung angeben: Zucker, Zitrone, Brezeln und Grapefruit eignen sich als Referenzen. Du kannst auch fragen: *„Schmeckt etwas schon bitter, wenn es nur an die Zungenspitze kommt oder erst, wenn es weiter hinten im Mund landet? Und schmeckt es gleich vorne schon eindeutig süß?"* In etlichen Büchern wird immer noch dargestellt, dass es verschiedene Bereiche gäbe, in denen man bestimmte Richtungen schmecken könnte, und wenn dein Kind genau darauf achtet, wird es merken, dass das ein Mythos ist. Denn die Zunge schmeckt überall alles.

- Ein spannendes Spiel ist es auch, Lebensmittel einzufärben. Mit natürlichen Farben geht das ganz unbedenklich. Schaut dann mal: Schmecken sie gleich wie ohne Färbung? Werden sie überhaupt erkannt? Sieht etwas plötzlich ungenießbar aus?
- Statt nur Fertiges zu riechen und zu schmecken, ist es für die beiden Sinne auch spannend, selbst Lebensmittel herzustellen. Zum Beispiel kann man bereits mit kleinen Kindern gut backen. Brötchen, genau passend für Kinderhände sind eine gute Wahl. Das genaue Anrühren und Kneten eines Hefeteigs kann in vielerlei Hinsicht eine Herausforderung sein: Mengen, Zeitangaben, Geruch, Verarbeitung mit den Händen …

Du siehst, einiges kann ganz beiläufig im Alltag und am Esstisch oder Haushalt passieren. Anderes musst du ein bisschen als Spiel initiieren. Und ja, manchmal wird vielleicht auch das ein oder andere Lebensmittel ausgespuckt oder doch verweigert, obwohl dein Kind es im Supermarktregal ausgesucht hat. Dann mach dich frei von Ängsten und einem schlechten Gewissen, wenn du es entsorgen musst. Dein Kind übt sich in Sachen Wahrnehmung. Wenn es später Mathe oder Vokabeln trainiert, wird auch einiges an Material dabei draufgehen.

Fühlen mit der Haut

Als dein Kind zur Welt gekommen ist, war nichts so wichtig wie dieser Sinn: Das Fühlen mit seiner Haut, seinen Lippen, seiner Zunge hat ihm die Welt nahegebracht und auch dabei geholfen, dass es sich deiner Nähe sicher sein konnte. Denn Berührungen können gute Beziehungen zeigen und Stress mindern. Mit der Zeit sind Sehen und Hören die wichtigeren Sinneskanäle geworden, aber das Fühlen bleibt relevant, um die Welt zu erkunden. Fingerspitzen, der Mund, Ohrläppchen – viele Bereiche sind besonders sensibel. Ein bewusstes Wahrnehmen dieser Sinneseindrücke gibt deinem Kind wieder mehr Sicherheit im Umgang mit der Welt und sich selbst. Damit es sich gut auf das Fühlen konzentrieren kann, sorg bei den Spielen möglichst oft für wenig Geräusche und wenn es passt auch für eher gedämpftes Licht.

Was ist spannend für die Haut?

- Sand lieben so gut wie alle Kinder. Mag deins den auf dem Spielplatz nicht so gern anfassen, kannst du ihm zu Hause erst einmal Alternativen bieten: zum Beispiel sehr feinen Dekosand, der nicht klebt, oder aber eine Buddelmöglichkeit in einer Schüssel mit Dekosteinchen oder auch Bohnen, Linsen, Reis oder Nudeln. In allem kann dein Kind buddeln und graben oder aber auch so tun, als sei es Wasser, und sich vermeintlich die Hände darin waschen. Und genauso gut kann es auch barfuß hindurch laufen. ab 2 Jahren
- Ebenso gut ist jedes Spielen mit Wasser. Gibt es Orte in eurer Wohnung, die dank Fliesen unbedenklich sind beim Matschen, dann lass dein Kind dort zum Beispiel putzen, abwaschen in einer Schüssel oder auch sich waschen in einem Eimer oder einer kleinen Wanne. Du kannst auch eine reißfeste, durchsichtige Tüte zur Hälfte befüllen, fest zuknoten und so Wassersäcke basteln. Gießen, spitzen, aufsaugen und ausquetschen, wischen, schütteln – Wasser ist so vielfältig und spannend. Und du kannst die Tem-

peratur verändern, sogar die Konsistenz, wenn du für dein Kind mal etwas einfrierst. Achtung: Das Berühren von Eiswürfeln kann schmerzhaft sein; eine (durchsichtige) Tüte drumherum mildert die Kälte etwas.

- Viele verschiedene Reize durch unterschiedliche Oberflächen sind ein gutes Training. Was habt ihr alles im Haus, mit dem Berührungen gut sein können? Bürsten, Federn, Schwämme, Tücher, Samt oder andere Stoffe? Kork, Holz, Metall, Steine, Moos, Ton? Du kannst mit deinem Kind drinnen und draußen auf die Suche gehen, fühlen, sammeln und vielleicht auch etwas daraus basteln. Was davon kann man drücken, was bearbeiten? Was macht wunderschöne Gefühle und was eher nicht? Welche Konsistenzen könnt ihr feststellen? Was ist vielleicht klebrig oder feucht? Welche Gegenstände mag dein Kind immer wieder spüren? Die könnt ihr in einem Kistchen sammeln für Massagerituale und Kitzelspiele.
- Bei den Massagen darf auch dein Kind aktiv werden und sich nicht nur selbst durchkneten lassen. Sie helfen beim Fühlen, aber auch beim Pflegen der Beziehung zueinander und beim Entspannen. Für vielen Kinder wird das Geknetetwerden ein wichtiges Ritual, um in den Schlaf zu finden, tagsüber eine Pause zu machen oder auch später bei fehlender Motivation als Schulkind die Hausaufgaben zu schaffen.
- Außer zu massieren kannst du dein Kind mit deinem Finger ohne Farbe den Körper „bemalen“: nicht nur auf den Rücken, sondern auch innen oder außen auf die Hand, auf die Arme, den Bauch oder die Wangen kannst du Muster, Symbole, später Buchstaben und Zahlen zeichnen. Dein Kind kann einfach nur genießen oder aber versuchen zu erraten, was du darstellen wolltest. Dann könnt ihr die Aufgabenverteilung umdrehen und du wirst zum Zeichenblock.
- Mit dem Rücken kann dein Kind außerdem versuchen zu erspüren, wie viele Finger du beim Streicheln benutzt und auf die Haut drückst. Du kannst die Berührung verändern: mal klopfen, mal

kratzen, dann streicheln oder nur die Fingernägel benutzen. Dann kitzeln und drücken oder deine Hände vibrieren lassen. Und kann dein Kind auch erraten, was du statt deiner Finger verwendest? Malst du mit der Nase, dem dicken Zeh oder deinem Ellenbogen? Auf nackter Haut geht das am besten.

- Nicht nur feste Gegenstände sind aufregend für die Haut, sondern gerade auch Dinge, die man zerdrücken und bearbeiten kann wie Rasierschaum oder Sahne, Kleister oder Fingermalfarbe, Knete, Salz- oder Keksteig und Ton. Auf einer Wachstuchdecke kann dein Kind damit auch am Boden gut arbeiten. Und vielleicht fallen dir Ideen ein, was dein Kind tatsächlich Nützliches für euch erschaffen kann: Plätzchen natürlich, aber auch Gefäße zum besseren Ordnen von diesem oder jenem. So kombinierst du die taktile Wahrnehmungsanregung mit Verantwortung und dem Gefühl, von der Familie gebraucht zu werden.
- Was fühlt sich draußen alles interessant an? Blumen, Unkraut, Rinde, Stein? Und inwieweit kann dein Kind hier ins sinnvolle Helfen kommen? Unkraut kann es auch aus einem kleinen Blumenkasten ziehen oder dort Blumen oder Gemüse mit dir einpflanzen und hegen. Ihr braucht keinen eigenen Garten.
- Schau dich nach Büchern mit Texten oder Liedern zu Fühlgeschichten um. Gereimt und gesungen können Ameisen krabbeln oder schwere Bären zu Besuch kommen.
- Bist du nähbegeistert oder hast du jemanden im Freundeskreis, der oder die hier begabt ist und deinem Kind gern eine Freude machen würde? Dann mach oder wünsch dir für dein Kind Fühlkissen oder -säckchen: In Stoff vernähte, gut tastbare und unterschiedliche Gegenstände wie Nudeln, Tannenzapfen, Murmeln, Kastanien, Kirschkerne und vieles mehr ergeben reizvolles Spielzeug für Ratespiele oder als kleine Pause beim Massieren. Leg dann nacheinander unterschiedliche Fühlkissen auf den nackten Bauch deines Kindes und lass es spüren und erraten, welche Füllung drin ist.

ab 4 Jahren

- Denke beim Erkunden durch Fühlen nicht nur an die Hände. Auch Lippe, Zunge, Mund, einzelne Finger und die Haut wo auch immer am Körper können spüren und ertasten. Rege dein Kind dazu an. Gerade den Mundbereich trainiert dein Kind auch beim Essen oder Pusten, beim Verwenden von Lippenfarbe oder Zungenakrobatik (herausstrecken, Röllchen machen, mit den Zähnen klappern).
- Ziehen und Drücken, also Widerstände überwinden, hast du schon im Abschnitt zur Bewegung kennengelernt. Auch für die Haut an sich ist das anregend. Kann dein Kind den schweren Kasten nur mit den Fingerspitzen wegschieben? Oder mit nackten Füßen? Wie unterschiedlich ist das Tauziehen mit bloßen Händen oder aber Handschuhen?
- Suche alles Mögliche zusammen, was bei euch zu Hause in eine Kinderhand passt, um mit geschlossenen Augen ertastet zu werden. Du kannst die Gegenstände auch mit einem Tuch abdecken oder in einen Karton mit kleiner Öffnung zum Hineingreifen legen. Dein Kind muss erraten, was es vor sich hat, allein über seinen Tastsinn. Wie gut gelingt das bei Haushaltsgegenständen? Wie schwierig ist es bei Gummitieren? Funktioniert es auch, wenn du etwas aus Knete geformt hast, das dein Kind vorher noch nicht gesehen hat und mit dem es beim Betasten ganz vorsichtig umgehen muss? Und wie gut bist du eigentlich bei dem Spiel, wenn dein Kind dir die Gegenstände zuteilen darf?
- Auch selbstgemachter Spielschleim kann auf der Basteldecke eine aufregende Erfahrung sein. Gekaufte Produkte enthalten teilweise bedenkliche Inhaltsstoffe. Bei eigener Herstellung kannst du das vermeiden und dein Kind profitiert vom gemeinsamen Herstellungsprozess. Rezepte finden sich hundertfach im Internet.
- Wenn dein Kind es gut schaffen kann, nicht alles auch mit dem Mund erfühlen zu wollen, kannst du es mit Straßenkreide draußen eine kleine Fläche dicht bemalen lassen. Gib ihm danach Salz oder Zucker und beobachtet, was damit passiert, wenn es sie in die

Kreidefarben am Boden reibt. Die Ergebnisse könnt ihr als eigenen Dekosand für Geschenke nutzen.

- Mit größeren Kindern kannst du Porenbetonsteine feilen, Speckstein bearbeiten oder Wachs schnitzen. Gerade ersteres braucht wegen des Drecks einen entsprechenden Raum oder Platz an der frischen Luft. Letzteres geht hingegen im Grunde überall und mit verschiedenen Werkzeugen, vom Messer bis zum Nagel. Dein Kind sollte nur einen stabilen Sitzplatz haben. ab 5/6 Jahren

DEN EIGENEN KÖRPER BEFÜHLEN

Ja, man kann ganz schön viel berühren, be- und erfühlen in dieser Welt: alle möglichen Dinge, Pflanzen, andere Menschen. Aber wichtig und schön ist auch das Anfassen des eigenen Körpers. Das müssen wir ohnehin tun, um uns zu waschen oder an- und auszuziehen. Aber dein Kind darf auch lernen, dass es sich nicht nur so zweckgebunden berühren darf, sondern auch einfach aus Spaß, aus Neugier, für das Gefühl. Jeder kann seinen eigenen Körper befühlen: die Nase, die Ohren, die Knie, und auch sensiblere Zonen wie die Brustwarzen oder den Intimbereich. Gerade Körperöffnungen sind spannend, egal ob es das Nasenloch ist oder der Po. Dein Kind sollte einfach Grundregeln zum Umgang damit lernen, wie zum Beispiel, dass die Hände sauber sein sollten oder dass es anderen Menschen unangenehm sein kann, bei einigen Berührungen zuzusehen, so dass dein Kind sie nur für sich allein machen sollte. Oder dass es bei uns gesellschaftlich auch nicht gern gesehen ist, wenn man den eigenen Körper beim Essen intensiv untersucht, und sei es nur unter den Fingernägeln. Dass es sich von anderen außerdem nur anfassen lassen sollte, wenn es dies wirklich möchte oder wenn die Gesundheit dies erforderlich macht und ein Elternteil dabei ist, ist ein anderer, ebenfalls sehr wichtiger Part dieser Thematik. So aufgestellt kann auch hier das fühlende Wahrnehmen gestärkt werden.

ab 2 Jahren

- Dein Kind kann sein Gesicht oder andere Körperregion selbst waschen. Mal mit der Hand, dann auch mal mit Hilfsmitteln wie einem Waschlappen oder einem großen Handtuch, das in der Badewanne auf den ganzen Körper „geklebt“ werden kann.

ab 3 Jahren

- Es kann sich überall streicheln, gern auch indem es sich eincremt. Es kann mit Hilfe auch seine Haare und seinen Körper föhnen (Achtung: Nicht nur bei Babys heißt es hier vorsichtig sein wegen plötzlichen Pinkelns und mit einer nicht zu starken Hitzeeinstellung!).
- Dein Kind kann seinen eigenen Körper gut spüren, wenn es dafür einen Gegenpart hat: die weiche Matratze, die sich an dein Kind schmiegt, der harte Boden, der es jeden seiner Knochen merken lässt. Wo fühlt es sich wohler?

Den eigenen Körper gut zu behandeln, gut zu spüren und zu kennen ist stärkend und wichtig. Hier sollte es keine Tabus geben, sondern nur oben genannte Regeln, damit dein Kind sich langfristig mit sich selbst wohlfühlt.

Schmerz. Zum Fühlen mit der Haut gehört auch das Wahrnehmen von Schmerz. Eine Unempfindlichkeit kann hier sehr gefährlich sein. Es gibt Menschen, die deshalb erst viel zu spät reagieren, wenn sich beispielsweise etwas schmerzhaft in ihre Haut bohrt. Dann ist die Verletzung schon intensiv. Gehört dein Kind vielleicht zu dieser Gruppe? Dann bist du mit den zahlreichen vorangegangenen Impulsen rund ums Fühlen auf dem richtigen Weg. Aber du kannst es noch mehr unterstützen, wenn du die Aufmerksamkeit deines Kindes bei Schmerzen oder auch nur möglichen verletzenden Situationen intensivierst.

„Tut dir das nicht weh?“, „Jetzt merkst du den Schmerz?“, „Wo ist er genau?“, „Wie ist der Schmerz?“, „Kannst du es beschreiben?“, „Sticht es, drückt es? Zieht er sich durchs ganze Bein?“ Mit diesen Fragen lernt es die wahrgenommenen Eindrücke genauer kennen.

Ist dein Kind möglicherweise eher überempfindlich in diesem Bereich, sind zwei Gedanken wichtig:

- Verzichte auf „Stell dich nicht so an!“-Aussagen. Denk an den Klemmbaustein. Die Überempfindlichkeit lässt kleine Eindrücke unter Umständen tatsächlich sehr groß werden. Dann ist der Schmerz real.
- Hilf deinem Kind, sich den Empfindungen nicht passiv ausgeliefert zu fühlen, indem du dich mit ihm auf die Suche machst nach Abhilfemöglichkeiten: Beruhigt seine eigene Hand auf der schmerzenden Stelle? Helfen Wärme, Kühlung oder eine enge Abdeckung der Wunde?

Hier ist es auch wichtig, das Umfeld miteinzubeziehen. Dein Kind ist in dem Bereich sehr sensibel und braucht Zeit und mehr Wahrnehmungserfahrungen, um besser damit umzugehen. Das kannst du anderen Erwachsenen oder Kindern erklären und von ihnen Toleranz und Mithilfe einfordern.

Temperatur. Auch das Empfinden von Wärme und Kälte kann bei Menschen unterschiedlich sein und besondere Wahrnehmungsübungen erforderlich machen. Unter Umständen führt hier gerade eine Unterempfindlichkeit auch zu Schmerzen und Verletzungen. Manche Menschen haben beispielsweise derartig unterempfindliche Temperatursensoren in den Händen, dass sie ein heißes Backblech entscheidende Sekunden zu lange in den Händen behalten und sich so Verbrennungen zuziehen, wo andere Menschen es längst fallengelassen hätten.

Spiele in diesem Bereich sind sinnvoll, wenn Kinder *warm* und *kalt* benennen können. Das ist ab zwei Jahren häufig möglich. Was kannst du dann tun?

ab 2 Jahren

- Lass dein Kind behutsam verschiedene Temperaturen kennenlernen: kaltes oder warmes Wasser beim Planschen oder Putzen, eine warme Tasse mit Kakao neben einem kalten Glas mit Wasser und Eiswürfeln.

ab 3 Jahren

- Gerade mit Getränken können auch leicht Versuche gemacht werden: Wie unterschiedlich schmecken warme und kalte Milch? Oder gar warmer und kalter Saft? Kann man eigentlich kalt zu genießende Lebensmittel gut warm machen? Joghurt, Käse – was fällt deinem Kind noch ein? Schmeckt die Lieblingssuppe auch kalt? So richtig kalt mit Eiswürfeln?
- Bei warmem Wetter kannst du deinem Kind draußen kaltes Wasser im Planschbecken oder einer Plastikwanne anbieten: Wie ist es, das kühle Wasser aus dem Gartenschlauch auf dem Rücken zu spüren? Kann es seinen Fuß länger darunter halten? Und die Beine bis zu den Knien? Auch die Arme? Wie gut tut danach die Füllung aus einem bereitgestellten Eimer mit warmem Wasser? Das Liegen in der Sonne? Das Einwickeln in eine warme Decke? Und geht‘s dann nochmal zurück in die Kälte?
- Wie fühlt es sich an, wenn ein Fuß oder Bein mit kaltem und eines gleichzeitig mit warmem Wasser abgeduscht wird? Das geht auch in der Wanne oder Dusche, wenn Wetter oder Platz einen guten Ort draußen gerade nicht hergeben.

Beachte, dass Wechselduschen nicht nur hilfreich für die Wahrnehmung des eigenen Körpers sind, sondern auch eine Wirkung haben: Sie regen an, machen wach und fitter. Das möchtest du bei deinem Kind wahrscheinlich abends nicht unbedingt anstoßen, also wähle einen anderen Zeitpunkt.

Extratipp: Und denke daran, dass wechselnde Temperaturen auf der Haut gerade im unteren Körperbereich bei manchen Kindern auch den Harndrang verstärken können. Sei drauf vorbereitet, dass gepinkelt werden muss. Vor allem wenn du mit mehr als einem Kind spielst, sollte klar sein, wo und wie dem Drang rasch nachgegeben werden kann.

Gern wird bei derlei Spielen gesagt, wir Eltern müssten vor allem darauf achten, dass es nicht zu heiß wird. Das ist natürlich richtig, denn Verbrennungen sind ernste Verletzungen. Aber auch mit Kälte solltest du bedacht umgehen. Dass eine Zunge voll mit warmer Spucke an einem eiskalten Laternenmast festkleben kann, ist leider kein Mythos. Und wer schon mal sehr lange mit bloßen Händen etwas Tiefgekühltes tragen musste, weiß, dass das sehr unangenehm sein kann. Gerade die zarte Haut kleiner Kinder und möglicherweise eben auch unterempfindliche Tastsensoren benötigen elterliche Vorsicht. Kaltes kann man beispielsweise gut in eine Tüte oder ein Küchenhandtuch einschlagen, so dass es nicht direkt auf die Kinderhaut trifft.

Was brauchen die Sinne nach innen?

Dein Kind dabei zu unterstützen, sich selbst gut wahrzunehmen, ist der wichtigste Schlüssel, um viele Alltagskonflikte, Stressfaktoren und Missverständnisse zu vermeiden. Auch in diesem Bereich musst du nicht wirklich viel Material anschaffen, sondern vor allem Blickwinkel und Gewohnheiten verändern.

Die Innenwahrnehmung zu schulen, ist der schwierigste Part. Der Mensch ist ein soziales Wesen, gepolt auf das Miteinander mit anderen, ausgerichtet darauf, seine Umgebung wahrzunehmen. So sind wir sicher und auf diese Art geht es jedem gut. Was im eigenen Körper los ist, steht daher beim Wahrnehmen bei den meisten Menschen eher an letzter Stelle. Es sei denn, es liegt eine Überempfindlichkeit vor, so dass ein knurrender Magen oder ein rasch klopfendes Herz es geradezu unmöglich machen, noch auf etwas anderes zu achten. Eine geringe oder gar Unterempfindlichkeit dürfte häufiger anzutreffen sein. Und auf jeden Fall braucht ein Kind im Kleinkind- und Vorschulalter hier noch Zeit und Raum für Reifung.

Die wichtigste Grundregel in dem Bereich ist: Aufmerksamkeit schärfen. Fass in Worte, was dein Körper oder der deines Kindes zeigt, spürt, braucht: *„Ich blinzle ganz oft. Ich werde müde. Mein Kopf braucht eine Pause mit geschlossenen Augen.“*, *„Du hast die Beine ganz eng verknotet. Deine Blase scheint zu drücken, weil sie fast überläuft.“* oder *„Ich kann mich gar nicht mehr konzentrieren. Ach, das letzte Essen war ja auch vor Stunden. Mein Bauch braucht Nachschub. Er hat Hunger.“*

Wichtig ist erstens: Dieser Wahrnehmungsbereich entwickelt sich nicht isoliert. Das heißt, wenn Wahrnehmung im Alltag in allen anderen Bereichen durch Chancen zum Selbermachen, zum Fühlen und Bewerten trainiert wird, wird das auch eine gute Innenwahrnehmung begünstigen.

Wichtig ist zweitens: Das Spüren ins Innere benötigt kein ausgeklügeltes Förderkonzept, um in Gang zu kommen. Das steigende Alter, die wachsenden Fähigkeiten insgesamt werden dazu beitragen, dass dein Kind sich immer besser fühlen, auch zurücknehmen oder Bedürfnisse einfordern kann. Nur eine Unterempfindlichkeit kann es erforderlich machen, den Fokus mit deinem Kind gemeinsam ganz bewusst auf alle Reize von innen zu lenken. *„Mein Körper sagt mir etwas!“* – Es ist eine ganz wichtige Errungenschaft, wenn dein Kind das nach und nach wahrnehmen kann.

Vielleicht magst du zuerst einmal auf dich schauen: Weißt du gut, wann du satt bist oder Hunger hast? Achtest du darauf und hörst auf die Signale? Spürst du Müdigkeit und legst dich dann auch hin? Kennst du die Signale deines Körpers, wenn langsam Wut hochkocht, die Konzentration nachlässt, dich Angst beschleicht? Sonst beobachte dich zunächst genau und startet dann vielleicht gemeinsam in diesen Bereich. Zusammen machen Üben und Lernen ohnehin viel mehr Spaß.

Sättigungsgefühl oder Hunger

Aufregung? Magenschmerzen? Oder einfach nur seit Stunden nichts gegessen? Oder drei Kekse zu viel? Der Bauch kann Zeichen geben, wenn dein Kind Hunger oder Durst verspürt. Aber auch Erregung, Wohlgefühl oder aber Missbehagen können sich in Bauchrumoren und -kneifen zeigen.

Zeigt dein Kind auf einen schmerzenden Bauch oder äußert es Unwohlsein in dem Bereich, ist das eine gute Gelegenheit, über Gefühle zu sprechen. Und wenn ihr ausgeschlossen habt, dass starke Emotionen hinter dem seltsamen Bauchweh stecken, lohnt es sich immer, innezuhalten.

ab 3 Jahren

- Macht der Bauch Geräusche? Hört dein Kind ein Gluckern, obwohl es nicht hüpft? Klingt es, als würde sich der Magen ganz klein zusammenziehen? Dann braucht der Bauch wohl ein bisschen Nahrung.
- Oder ist der Bauch hart? Drückt er sich gefühlt von innen durch die Bauchdecke? Kann dein Kind ihn kaum einziehen? Dann war vielleicht die letzte Portion Essen zu viel, oder es braucht eine Toilette, ein Wärmekissen, eine verdauungsfördernde Massage im Uhrzeigersinn auf der Bauchdecke oder einfach eine Gelegenheit, Luft abzulassen. Leg dich gemeinsam mit deinem Kind auf den Bauch und spielt oder lest in der Position. Das kann den Pupsen helfen, den Weg nach draußen zu finden. Hopsen geht aber auch.

Vertrau darauf, dass dein Kind sich in diesem Bereich nach innen hin nach und nach ziemlich gut wahrnehmen kann, gerade wenn du es noch mit solchen Impulsen dabei unterstützt. Und denk an das Beispiel ganz vom Anfang des Buches zum unterschiedlichen Temperaturempfinden. Gerade auch rund um Hunger und Sättigung kann das verschieden sein. Nimm es an: *„Mein Kind fühlt anders als ich.“* statt *„Da kann doch gar nichts mehr in deinen Bauch passen!* oder *„Da muss doch noch was in deinen Bauch passen!“* Ängste sind keine guten Berater für dich und kein cleveres Vorbild für dein Kind. Auch in diesem Bereich muss gelernt, geübt werden, und man darf Fehler machen: Übelkeit, weil es doch zu viel Essen war, oder nächtlicher Hunger, weil es zu wenig beim Abendbrot war, sind Irrtümer, die lästig sind, aber sein dürfen. Wie in anderen Lernbereichen auch.

Menschen, die in Bezug auf Hunger und Sättigung wahrnehmungsstark sind, spüren auch besser, was genau ihr Körper gerade braucht: Vielleicht ist es gerade Eisen oder es müssen viele Vitamine sein? Dann wirkt die Ernährung deines Kindes möglicherweise eine Zeit lang einseitig, ist aber vor allem wahrnehmungsstark und klug. Zu viel Kopf kann gerade in diesem Bereich wirklich schaden.

Lesetipp: „Dein Kind isst besser, als du denkst!“ von Katharina Fantl und Julia Litschko, Kösel (2021).

Wenn du den Eindruck hast, dein Kind ist sehr träge beim Essen, muss das nicht bedeuten, dass es die Zeichen aus seinem Bauch nicht gut wahrnehmen kann. Vielleicht fehlt ihm der Spaß an der Sache, weil motorisch oder in Sachen Wahrnehmung eine andere Einschränkung vorliegt. Beispielsweise kann die Muskelspannung im Kiefer gering sein oder eine Unterempfindlichkeit beim Riechen oder Schmecken vorliegen. Darum ist es auch sinnvoll, die Mundmotorik und das Spüren an Lippen, Zunge oder Wangeninnenseiten anzusprechen, damit dein Kind stark in der Innenwahrnehmung werden kann.

ab 3 Jahren

- Beim Essen kannst du dein Kind animieren, mal langsam, mal schnell, mal nur mit den hinteren Zähnen und mal nur ganz vorn im Mund zu kauen. Du kannst es darauf aufmerksam machen, welche Geräusche das Abbeißen und Kauen bei unterschiedlichen Lebensmitteln machen. Was kracht? Was matscht? Welche Töne können seine Zähne sonst noch erzeugen?
- Lass dein Kind pusten. Es kann das heiße Essen vorsichtig kühler blasen, aber auch leichte Lebensmittel über den Teller. Wattebäusche oder andere sehr leichte Gegenstände kann es außerhalb der Essenzeit auch mit seiner Atemluft durch einen kleinen Parcours hin zu einem Ziel bringen. Im Badewasser kann es Luft durch einen Strohhalm aus Metall pusten. Und was entdeckt ihr

noch gemeinsam, das sich mit der Atemluft bewegen lässt? Kleine Wäschestücke auf der Leine oder extra angeklammerte Taschentücher? Geht das nur mit der Luft aus dem Mund oder zur Abwechslung auch mal per Nase?

- Strohhalme sind auch zum Saugen großartig. Dein Kind kann damit nicht nur trinken, sondern auch vorsichtig eine Flüssigkeit leicht einsaugen und in ein anderes Gefäß ablassen.
- Dein Kind kann einen Stift, ein Essstäbchen oder Ähnliches zwischen Nase und Oberlippe einklemmen oder zwischen den Lippen halten. Kann es so sprechen? Kann es damit laufen und den Gegenstand gezielt irgendwo ablegen? Und kannst du das auch?
- Zungensport ist großartig: Die Zunge kann die Lippen oder die Zähne lecken, die Wangen von innen ausbeulen oder herausgestreckt Essen balancieren. Was fällt deinem Kind noch ein?
- Suche nach Kindertischsprüchen, die Lust auf Zusammenkommen, aber auch mal Schmatzen, Lachen und eben Essen machen.

Allgemein sollte Essen keine Angelegenheit sein, die all zu oft nebenbei und schnell geschieht. Je bewusster eingekauft, zubereitet und gegessen wird (und auch je weniger geschmacksverändernde Zusatzstoffe enthalten sind), desto besser kann dein Kind spüren, was es mag, worauf es Appetit hat, wann es Hunger hat und wann es satt ist. Dazu gehört auch, dass dein Kind Raum bekommt für sein eigenes Körpergefühl. Das kann bedeuten, dass beispielsweise fünf Mahlzeiten pro Tag, die dir stimmig erscheinen, für dein Kind überhaupt nicht das Richtige sind. Und auch in anderen Bereichen rund ums Essen kann und darf sich euer Empfinden unterscheiden.

Am Tisch Spiele anzuregen, fällt vielen Eltern schwer. Allzu oft tun Kinder sich ohnehin nicht leicht damit, eine Mahlzeit im Sitzen und mit einem netten Gespräch durchzuhalten, wie wir Großen uns das so ausmalen – und dann noch extra zum Herumkaspern mit Lebensmitteln anregen? Ja. Sich spielerisch mit dem Kauen und Schmecken zu befassen, ist etwas Gutes. Miteinander eine Mahlzeit einzunehmen, muss nicht heißen, „artig“ nebeneinander zu tafeln, und viele Kinder können das vorm Vorschulalter noch gar nicht schaffen, sondern essen lieber in Bewegung und zwischendurch. Und sie tanken Nähe und Beziehung nicht im Gespräch am Abendbrottisch, sondern eben im Spiel über den ganzen Tag verteilt.

Also schau, ob du die Impulse bei euren gemeinsamen Mahlzeiten anregen kannst (und vielleicht wird es ganz wunderbar). Aber du kannst auch eigene Zeitfenster für Snacks und Spielereien mit Lebensmitteln suchen, angeleitet durch die Körpersignale deines Kindes.

Extratipp: Eskalieren die Essensituationen bei euch tagtäglich, ist der beste Tipp zu klären, welche Wünsche und Ziele ihr eigentlich habt. Wenn auf der Liste eine Sammlung steht wie *„Wir Eltern können miteinander über den Tag sprechen.“, „Es kann ein Gespräch mit den Kindern über den Tag stattfinden.“, „Alle essen ausreichend.“, „Wir Eltern essen unsere Speisen, solange sie noch warm sind.“* und *„Es wird nicht aufgestanden und getobt.“*, dann ist das einfach viel zu viel. Pick dir einen Wunsch heraus, der Priorität haben soll. Das hilft dir dabei zu entscheiden, welche Regeln im Moment bei euch am Esstisch gelten sollten. Und vielleicht zeigt dein Kind dann plötzlich, dass es gar kein Problem damit hat, zu spüren, wann es hungrig oder satt ist, sondern nur momentan ein Thema mit dem Kooperieren in Situationen voller Hunger, Müdigkeit oder Aufregung.

Und was ist mit dem Durst? Dass wir Eltern uns beschweren, unser Kind tränke zu viel, hört man eigentlich nur mal in Bezug auf die Abende, wenn ein Kind etliche Male wieder aus dem Bett aufsteht und Wasser einfordert. Ansonsten teilen sich die meisten Eltern eher die Sorge, ob ihr Kind denn wohl genug Flüssigkeit zu sich nimmt.

Dein Kind kann ein gutes Gefühl für seinen Durst entwickeln, wenn es möglichst immer Zugang zu Getränken hat und diese wirklich Durstlöscher sind. Wasser, Tee, Schorlen können das sein. Spiele mit Kindergeschirr und Wasser, schönen Kännchen und Prosits zwischen euch machen das Trinken normal und lassen dein Kind fühlen, wie gut es tut, keinen Durst zu haben. Gerade wenn dein Kind Wasser und süße Getränke kennt, kann es spüren, dass eine Limo zum Kuchen lecker ist, aber nicht wirklich den Durst löscht. Biete beispielsweise einfach immer beides an, wenn es ein süßes Getränk gibt. Dann kann dein Kind merken, dass nicht per se eines besser oder schlechter ist, aber beide Getränke unterschiedliche Zwecke erfüllen und das eigene Durstgefühl verschieden gut verändern.

WAHRNEHMUNGSSTARKES ESSEN MIT VIER KINDERN

Interview mit Jana Göb

Jana Göb hat mit ihren Kindern gute Erfahrungen damit gemacht, sie nach ihren eigenen Gefühlen essen zu lassen, wenn das Angebot bunt ist.

Wie sehr mischt ihr euch in das Essverhalten eurer Kinder ein?

Wir haben bei allen vier Kindern schon im Babyalter darauf vertraut, dass die Kinder von Natur aus intuitiv essen und schon wissen, was ihr Körper gerade braucht und was gerade nicht – auch wenn das für uns auch mal einseitig wirken kann. Gezeigt hat sich das aber erst in vollem Umfang in einem Alter, wo es auch die Möglichkeit zu vermeidlich einseitig schlechter Ernährung gegeben hätte.

Bei einem Tag, an dem die Kinder komplett über den Verlauf und das Essen entscheiden durften, stand auf ihrer Wunschliste erst einmal ein verrücktes Frühstück mit viel Zucker – Kuchen & Waffeln! Mittags wünschten sie sich schon Speisen, die wir im Alltag oft kochen: Tomatensuppe und Nudeln mit Cashewsauce. Nachmittags standen Popcorn und Süßigkeiten auf ihrem Programm – nichts davon wurde komplett aufgegessen (überhaupt werden bei uns selten Dinge wie Eisbecher aufgegessen). Abends hörten wir *„Boah, ich brauche jetzt erst einmal einen Apfel!"* von den Kindern und sie fragten auf den Süßigkeitenrausch nach einem Obstteller.

Wir haben damit durchweg gute Erfahrungen gemacht, den Kindern von Beginn an Raum für ihre eigenen Signale zu lassen – denn auch wenn sie mal „über die Stränge" schlagen, holen sie sich alles, was ihr Körper braucht, nehmen intuitiv, was ihnen guttut, und kennen ihr Sättigungsgefühl.

Verdauung und Ausscheidungen

Nach dem Trinken und Essen kommen das Verdauen und das Ausscheiden. Über Bauchweh hast du schon einiges erfahren. Aber wie sieht es allgemein mit Blasen- oder Darmdruck aus? Machst du dir selbst darüber eigentlich noch Gedanken? Nein, du spürst einfach, wann dein Körper eine Toilette braucht, ohne groß darüber nachzudenken, und kannst einhalten, bis du im Bad bist. Wann kann ein Kind das gut wahrnehmen? Wann kann es sich kontrollieren? Muss man dafür extra etwas machen? Geht das nicht ganz von allein?

Ja, im Grunde reift die Wahrnehmung hier sehr selbstständig: Zunächst pieseln Babys bei voller Blase sofort los. Bei einigen kann man aber beobachten, dass sie innehalten, also wahrnehmen, wenn es so weit ist. Dann werden alle immer besser im Kontrollieren, können abwarten und in der Autonomiephase möglicherweise sogar willentlich zu lange einhalten. Auch hier braucht es Zeit, Reifung und die Möglichkeit, zu probieren und Fehler zu machen. Frühes Training und Stress können die Fähigkeiten nicht beschleunigen. Das kannst du dir wie beim Laufen vorstellen: Das schafft dein Kind ja auch nicht, wenn Muskeln & Co. noch nicht ausreichend gereift sind, selbst wenn du es ständig hinstellst.

Zieht sich dieser Prozess lange hin und gibt es dennoch ständig Unfälle, kann das vielerlei Gründe haben. Die Wahrnehmung ist einer davon, betrifft aber nicht die Mehrheit der Kinder: Möglicherweise ist dein Kind hier etwas unterempfindlich oder aber es hat so viel mit allen einströmenden Reizen zu tun, dass die aus Blase und/oder Darm etwas untergehen.

Stressfreies Üben, sobald dein Kind Interesse am Thema zeigt (!), und das Kind zuschauen und machen zu lassen, sind Verhaltensweisen, die allen Kindern guttun, egal welche Ursache die Entwicklung vielleicht verlangsamt. Bei Unterempfindlichkeit oder bei Überforderung der Auswahl der wichtigsten Reize unterstützen Wahrnehmungsspiele in den anderen Bereichen auch. Außerdem kann es aber helfen …

- wenn dein Kind viel Raum hat, um sich ohne Windel zu spüren.
- wenn zum Beispiel dank eines Töpfchens im Kinder- oder Wohnzimmer die Wege nicht zu weit sind und die Frustration nicht so stark wird.
- wenn dein Kind versteht, wie Hunger, Essen, Sattsein und Ausscheiden zusammengehören. Ist dein Kind in der Wanne oder Dusche, nackt im Garten oder an einem Badesee, kannst du es experimentieren lassen: Wenn Wasser oben in großen Mengen reinkommt, geht dann plötzlich unten auch das Wasserlassen los? Lass dein Kind seinen Körper gut kennenlernen und spüren, auch in diesem Bereich.

Wahrnehmungsspiele rund um Bewegung, Hände, aber auch Sehen vergrößern des Weiteren die Chance, dass dein Kind motorisch in der Lage ist, für die zum Ausscheiden gehörende Hygiene immer besser selbst zu sorgen. Auch das kann in der Wanne unproblematisch und spielerisch geübt werden.

Extratipp: Viele Erwachsene, teilweise auch Fachpersonen, haben eine falsche Vorstellung davon, wie und wann die sogenannte Ausscheidungsautonomie unfallfrei ablaufen sollte. Jedes fünfte deutsche Kind mit 3 Jahren kann seine Ausscheidungen noch nicht kontrollieren, und im Alter von 5 Jahren ist es immer noch jedes zehnte Kind. Das liegt in der Regel nicht an einer falschen oder fehlenden Erziehung in dem Bereich, wie gern geunkt wird, und ist auch kein medizinisches Problem, sondern zumeist nur eine Frage von individueller Reifezeit.

Rituale können deinem Kind in diesem und auch den anderen Bereichen der Innenwahrnehmung helfen, auf sich zu achten. Zum Beispiel könnt ihr immer nach dem Aufstehen, nach einer Mahlzeit, vor dem Verlassen des Hauses, vor dem Wechseln des Raumes oder Ähnlichem innehalten und schauen: *„Was sagt eigentlich mein Bauch (mein Kopf ...) gerade?“* Für Übergangsphasen, in denen dein Kind lernt, aber in denen noch viel nicht so gut läuft, kannst du ein Hilfsmittel nutzen, damit du immer mehr aus der Verantwortung kommst, seinen Körper im Blick zu haben. Zum Beispiel kann eine Armbanduhr mit Vibrationsfunktion an die Rituale erinnern. Dabei geht es dann nicht um ein *„Jetzt zur Toilette/etwas trinken“* und so weiter, sondern um die Erinnerung an den Blick auf die Signale: *„Was fühle ich? Eine volle Blase?“*

Atmung und Herzschlag

Wann hast du zuletzt auf deinen Herzschlag oder deine Atmung geachtet? Meist ist das einem Menschen nur wichtig, wenn er krank ist oder sich bewusst beruhigen will. Ansonsten läuft der Körper hier in der Regel rund, ohne dass du wahrnehmen und bewerten musst, was er tut. Auch dein Kind benötigt hier selbstverständlich keine Schulung, damit es das Atmen nicht vergisst. Aber es kann Spaß machen und der Innen- und Außenwahrnehmung guttun, wenn es sich auch hier immer mal intensiver beobachtet:

- Wie schnell klopft das Herz nach dem Sprint zum Bus und wie ist es abends, wenn dein Kind im Bett liegt?
- Was macht der Herzschlag, wenn dein Kind stark geweint oder gelacht hat? Und was macht deiner? Lass dein Kind mal fühlen.
- Wie verändert sich die Atmung bei Aufregung oder bei Entspannung? Kann dein Kind sie bewusst verlangsamen oder beschleunigen?
- Wo geht die eingesogene Luft hin: in die Brust, in den Bauch? Kann dein Kind, wenn es auf dem Rücken liegt, durch starkes Einatmen einen Gegenstand, der auf seinem Bauch liegt, wegstupsen?
- Wie atmet dein Kind, wenn es sehr müde ist? Wie lange dauert ein Gähnen?
- Ist das Einatmen mit Mund oder Nase angenehmer? Reicht es auch, wenn nur ein Nasenloch atmen kann und das andere zugehalten wird?
- Zum Kinderyoga gehören auch oft Atemübungen. Wenn dein Kind daran Spaß hat, ist das eine gute Gelegenheit, sich selbst genauer wahrzunehmen und neben Action und Spielerei auch Entspannung zu spüren.

Müdigkeit und Angespanntheit

Im Beispiel ganz zu Beginn des Buches mit dem tobenden Kind hast du schon gesehen, dass es nicht unnormal ist, dass ein Kind nicht gut wahrnimmt, wann es müde ist und eine Pause benötigt. Viele Kinder reagieren dann eher wild und benötigen eindeutig Erwachsene, um ihnen zu verdeutlichen, dass da gerade Müdigkeit anklopft. Die Aufmerksamkeit deines Kindes kannst du nach und nach ein bisschen umlenken.

ab 2 Jahren

- Schaut euch an, wie sich ein wacher und ein müder Mensch rein körperlich unterscheiden: Was machen die Augen? Was tut der Mund? Was machen die Muskeln? Ist die Sitznachbarin im Bus wohl müde? Und der Mann im Bilderbuch? Wie fühlt sich der Körper nach dem Aufwachen an? Was klappt dann besser? Das solltet ihr immer wieder tun.
- Zeig deinem Kind, dass Schlappheit nicht gleich heißt, dass es schlafen muss. Ausruhen kann ja auf viele Arten gehen, zum Beispiel auch gemeinsam, mit Berührungen und Nähe. Dazu hast du schon viele Impulse bekommen.

Müdigkeit zu spüren ist das eine. Sie anzuerkennen und dem Bedürfnis nachzugeben das andere. Dazu ist es wichtig, dass Ausruhen und Schlafen bei euch positiv besetzt sind. Wenn Betten Orte von Strafe sind und ein Kind sich abends durch fehlende Zugewandtheit abgeschoben fühlt und vielleicht auch tagsüber Beziehung vermisst, wird das nicht dazu führen, dass ein Kind Schlaf mag und gerne zulässt. Neben der Innenwahrnehmung der Müdigkeitszeichen ist also gerade hier das Eltern-Kind-Miteinander sehr wichtig.

Lesetipp: „Ich kann schon schlafen“ von Caroline Bechman und Dominique Reimer, humboldt (2022).

DEIN KIND GEHT WAHRNEHMUNGSSTARK INS LEBEN

Wenn du dein Kind richtig gut siehst, kannst du ihm genau die Begleitung geben, die es braucht. So kann es sich in Beziehung und mit vielen Chancen mit einer hohen Wahrscheinlichkeit stark entwickeln. Lernfit, beziehungsfit, gruppenfit, krisenfit, schulfit, lebensfit – weil es ich- und weltfit ist!

Du hast dich in dein Kind vertieft, weißt jetzt viel besser, wie es sich selbst und die Welt wahrnimmt. Du kannst nun Unterschiede sehen und auch einordnen, ob sie dein Kind schwächen und beeinträchtigen oder einfach nur anders sind. Falls es „Verhaltensauffälligkeiten" gab oder gibt, hast du dir mögliche Ursachen genauer angeschaut und nicht die erstbeste Erklärung gelten lassen. Du kennst dein Kind. Und sicher auch dich selbst ein bisschen besser.

Du hast erfahren, wie du deinem Kind die beste Unterstützung sein kannst, so dass es im elementaren Bereich der Wahrnehmung immer besser aufgestellt sein wird. Du begegnest möglichem Vermeiden ebenso wie Überforderung. Du machst dein Kind aktiv. Du hilfst deinem Kind. Und damit auch eurer Beziehung.

Dein Kind wird feinsinniger. Euer Alltag kann etwas leichter werden und vor allem kann das Leben deines Kindes an vielen Stellen weniger Probleme und Ärger mit sich bringen. Es wird weniger anecken. Und es wird sich auch weniger falsch fühlen.

Ihr nehmt euch Zeit zum Spielen. Machen und Erfahrungen stehen im Vordergrund statt Geschenke, Spielzeug, Termine und Optimierung. Du hilfst, aber du verbiegst dein Kind nicht.

> Mir gibt es Kraft, so viele Eltern zu sehen, die nicht „Verdammt nochmal, warum kannst du das nicht endlich?!" zum Kind sagen, sondern „Warum kann es das doch nicht? Was braucht es von mir?" zu sich selbst.
>
> @HummelFamilie auf Twitter

Ich wünsche euch ganz viel Spaß dabei, in eurem Leben immer wieder ganz bewusst Platz für die weite Welt der Wahrnehmung zu schaffen. Und ich bin ganz sicher, dein Kind wird an Bewältigungskraft und Zufriedenheit gewinnen. Und eure Beziehung an Stärke und Leichtigkeit.

MITWIRKENDE

Sarah Blume, geb. 1985, verheiratet, vierfache Mutter, ist seit 2005 staatlich anerkannte Ergotherapeutin, hat schon vorher ausbildungsbegleitend in dem Bereich gearbeitet und bald danach die Leitung einer Praxis übernommen. Sie absolvierte Fortbildungen im Bereich der neurologischen wie orthopädischen Behandlung sowie im Bereich Wahrnehmungsverarbeitung. Des Weiteren hat sie Berufserfahrung in den medizinischen Feldern Orthopädie, Onkologie und Palliativmedizin.

Miriam Engelskirchen, geb. 1989, verheiratet, zweifache Mutter, ist seit 2014 staatlich anerkannte Ergotherapeutin (B. Sc.). Seitdem arbeitet sie in der Praxis fast ausschließlich mit Kindern und absolvierte Weiterbildungen im Bereich der pädiatrischen Ergotherapie, Psychomotorik und integrativen Lerntherapie sowie die Therapie-Begleithund-Ausbildung mit ihrer Hündin. Des Weiteren ist sie familylab-Familienberaterin.

Hier findest du weitere Informationen zu Miriam Engelskirchen:

https://www.familienberatung-mit-herz.de/

Jana Göb, geb. 1989, verheiratet, vierfache Mutter, Journalistin und Hypnobirthing-Coach, lebt mit ihrer Familie zusammen mit zwei Mini-Schweinen, neun Hühnern, vier Meerschweinchen, einer Katze und einem Hund auf dem Land in Ostwestfalen. Sie zeigt ihr Familienleben unter @homeofbroccoli bei Instagram. Des Weiteren ist sie Vorstandsvorsitzende eines elterninitiativen Waldorfkindergartens.

Hier findest du weitere Informationen zu Jana Göb:

https://www.instagram.com/homeofbroccoli/

DANKSAGUNG

Ich möchte mich zunächst sehr bei meinen Beratungsfamilien bedanken, dass wir gemeinsam gute Blicke auf die Kinder und den Familienalltag werfen und sinnvolle Lösungsstrategien für Probleme entwickeln können. Dabei spielt auch immer wieder die kindliche Wahrnehmung eine große Rolle. Aus diesen Beratungserfahrungen entstand die Inspiration zu diesem Buch.

Dann gilt ein riesiger Dank Sarah und Miriam, die von Anfang an Feuer und Flamme für das Projekt waren und mir mit ihrem Fachwissen und ihren Erfahrungen sowie unfassbar viel Engagement und Zeit zur Seite standen. Auch im Namen von Mark Wachsmann und dem humboldt Verlag darf ich sicher sagen: Das war wirklich nicht selbstverständlich. Ihr habt uns sehr unterstützt. Danke!

Auch an Jana ein dickes Danke für die Mitarbeit. So lange bewundere ich schon den Umgang von dir und deinem Mann mit euren Kindern und bin superglücklich, dich endlich bei einem Projekt dabei haben zu können.

Ein kleiner Extradank geht an Katharina Prünte, Andrea Koeppler und Marion Jost. Ihre Arbeit war Gold wert für unsere Familie.

Zum Schluss obligatorisch, aber nicht weniger von Herzen kommend der Dank an das #teamhumboldt: an meine Mitautorinnen für ständigen gegenseitigen Support, an Melanie Asche, Nicole Beck und Laura Strohecker für die gute Zusammenarbeit und an Mark Wachsmann für den Glauben an dieses Projekt und das Ausfeilen der Zielrichtung des Buches bis zur absoluten Erschöpfung.

Empfehlen und gewinnen!

Hat dir dieses Buch gefallen?

Dann empfiehl es bitte weiter und schreib eine aussagekräftige Bewertung in einem Buch-Shop deiner Wahl, auf deinem Blog oder in den Sozialen Medien. Aus der Bewertung sollte hervorgehen, was dir an dem Buch gefallen hat und für wen es besonders geeignet ist.

Als Dankeschön verlosen wir jeden Monat unter allen, die mitmachen, fünf humboldt-Ratgeber – mit etwas Glück bist auch du mit deinem Wunschtitel dabei.

Um an der Verlosung teilzunehmen, schick uns einfach den Link zu deiner Buchbewertung sowie deinen Wunschtitel aus unserem Programm an: presse@humboldt.de.

Bibliografische Information der Deutschen Nationalbibliothek
Die Deutsche Nationalbibliothek verzeichnet diese Publikation in der deutschen Nationalbibliografie; detaillierte bibliografische Daten sind im Internet über https://dnb.de abrufbar.

ISBN 978-3-8426-1699-8 (Print)
ISBN 978-3-8426-1700-1 (PDF)
ISBN 978-3-8426-1701-8 (EPUB)

Originalausgabe

Die Ratgebermarke der Schlütersche Fachmedien GmbH
Hans-Böckler-Allee 7, 30173 Hannover
www.humboldt.de
www.schluetersche.de

Autorin und Verlag haben dieses Buch sorgfältig erstellt und geprüft. Für eventuelle Fehler kann dennoch keine Gewähr übernommen werden. Weder Autorin noch Verlag können für eventuelle Nachteile oder Schäden, die aus in diesem Buch vorgestellten Erfahrungen, Meinungen, Studien, Therapien, Methoden und praktischen Hinweisen resultieren, eine Haftung übernehmen. Insgesamt bieten alle vorgestellten Inhalte und Anregungen keinen Ersatz für eine medizinische Beratung, Betreuung und Behandlung.

Lektorat: Katharina Spangler, Neumarkt i.d.OPf.
Korrektorat: Miriam Buchmann, Hannover
Covergestaltung: ZERO, München
Coverfoto: Gettyimages/ArtMarie, Shutterstock/Charunee Yodbun
Satz und Grafiken: PER MEDIEN & MARKETING GmbH, Braunschweig
Druck und Bindung: gutenberg beuys feindruckerei GmbH, Langenhagen